会社に縛られず
「生き残る人材」になる
100のルール

正しいキャリアの選び方

安斎響市

ソーテック社

Contents

＼ 序章 ／
キャリア選びのヒント

第1章

キャリアのルール

＼ 第2章 ／
配属のルール

第3章

出世のルール

Contents

こんにちは、安斎響市です。

私は過去3年間で、実に1,000人以上の方々のキャリア相談に答えてきました。転職・働き方関連の本を出版するのも、これが4冊目になります。

「読者の様々なキャリアの悩みに答えていく」というテーマで運営している有料ブログ（note）の会員数は、累計7,000人を超えました。X（旧Twitter）のフォロワー数は4万人を超えています。

たくさんの人の悩みに触れる度に思ったのは、**「みんな、自分が歩んでいるキャリアが正しいのか、自信を持てずにいる」**ということです。

- ▶ このまま今の会社で働いていても、社内でしか通用しない人材になってしまう気がする
- ▶ 会社の中で出世して管理職として活躍する未来に、あまり魅力を感じられない
- ▶ 仕事で結果を出しているのに給料が全然上がらず、いくら頑張っても割に合わない
- ▶ 何となく今の仕事は自分に合っていない気がするが、やりたい仕事が何なのかわからない
- ▶ 人事異動の希望を出してはいるものの、一向に叶う気配がなく、絶望している
- ▶ 転職に興味はあるけれど、強みやスキルもないし、本当に転職していいのか自信がない
- ▶ 副業に挑戦したい気持ちはあるけれど、具体的に何をすればいいのかわからない

このような悩みです。

そこに共通していたのは、**「キャリア選択の決断をするときに、拠り所とすべきものがなく、不安を感じてしまう」**ということでした。

❶ キャリアの「正しい選び方」

私たちは今まで、キャリアについて、ほとんど何も教わってきませんでした。

学校でのキャリア教育は、「自己実現」「社会貢献」「ダイバーシティ」などといった概念的な内容に留まり、肝心の「就職先企業の探し方」「年収の上げ方」「社内で評価される方法」「転職活動の始め方」「副業の基本」などについては、誰も詳しくは教えてくれません。

当然、人生に明確な正解などありませんし、キャリアに正解はありません。すべての選択は人それぞれです。

ただ、明確な正解はなくとも、「正しい選び方」はあるはずです。

何が正解かは人それぞれちがうにしても、キャリア選択の判断基準や、考え方のコツはあるはずです。

みんな、それを知らないから、「この道は正しいはず」「自分がした選択は正しい」と自信を持って言い切れず、将来のキャリアに迷ってしまうのでしょう。

　なんとなく将来が不安…

　今のままじゃダメだと思うけれど、何をすればいいのかわからない…

　このような悩みに答え、**強い自信を持ってキャリアを構築し、長期的に「生き残る」ことができる人材になるための、人それぞれの適性と志向に合った具体的な方法**を、この本の中で明らかにしていきます。

❗「普通のサラリーマン」は、もう生き残れない

会社員にとっては、非常に生きづらい時代になってきました。

終身雇用が崩壊し、多くの企業が雇用を守れなくなりつつある一方で、社会保険料などの負担は増え続け、歴史的な物価高も相まって、今後は、見かけの給料がいくら上がっても実質賃金はほとんど増えず、生活は苦しくなっていく見込みです。

あえて、はっきり言ってしまうと、もう今後、「普通のサラリーマン」は生き残れません。

ただ日々の仕事を無難にこなして、当たり前のように会社に貢献していても、会社は自分の人生の面倒を見てはくれません。

特定の会社に過度に依存することなく、「個人」の力でキャリアを作っていく必要があります。

そのために必要だと思われる、**「生き残る人材」になる100のルール**を、この本にまとめました。

100個のコラムのような形で、読み物として読んでいただくのも良いですし、各章の切り口を見つつ、個人的なキャリア選択に必要な情報だけを拾って読んでいただく形でも構いません。

❗ 会社員のキャリア構築の難しさ

　私自身は、2010年に新卒で日系大手メーカーに入った後、入社1年目でいきなり地方の子会社出向になったり、アメリカ・カリフォルニア駐在を希望していたのになぜか中国の上海に飛ばされたり、意を決して転職した会社で時代錯誤なパワハラ・セクハラに苦しんで早期離職したりと、様々な紆余曲折を経て、「会社との付き合い方」「個人のキャリア構築」についてずっと考え続けてきました。

　30歳で管理職に昇進し、さらにその後、長く働いた製造業を離れて外資系大手IT企業へのキャリアチェンジを果たしました。そこでは、部長クラスの役職に就くこともできました。

　フルリモートで自由に働ける素晴らしい環境で、年収も日系企業時代の4倍になりました。

　副業も徐々に軌道に乗り、当時はすべてが順風満帆のように思えました。

　しかし、近年の外資系レイオフの煽りを受けた大々的な組織変更により、会社側の一方的な都合で自分のミッションが大きく変わってしまい、理想とする働き方を続けられなくなったため、散々悩んだ結果、ついに35歳で独立を決意することになりました。

　本当に、会社員のキャリアはどこまで行っても先が読めないものだと、痛いほど思い知りました。

❗ 人材業界の人なら答えを持っている？

「キャリア選択の考え方」を知りたいのなら、キャリアコンサルタントや人材業界の人、企業の人事部経験者に聞けばいいんじゃないの？と思う人もいるかもしれません。

私は、それはちがうと思います。

元転職エージェント、元人事などの肩書きで、キャリア関連の情報発信をしている人は多いです。しかし、その内容のほとんどは、「自分の市場価値を高めよう」「年収の高い業界に移ろう」といった、ごく普通の一般論に留まっています。

なぜかと言えば、転職エージェントや人事は、**キャリアの当事者**ではないからです。

過去に何千人ものキャリアを見て来ていたとしても、それは、あくまで外野で見ていただけです。

- ▶ その人自身が、過去に何度転職をしたのか？
- ▶ 何社の面接を突破してきたのか？
- ▶ どのような社内昇進や人事異動を経験してきたのか？
- ▶ 副業や独立という選択肢を真剣に考えて実践したことがあるのか？

というと、結構疑問が残ります。

❗キャリアの当事者だからこそ、言えること

　私は、自分自身が、20代前半での人事異動や転勤、花形部署への抜擢、20代後半からの海外駐在、複数回の転職、早期離職、30代での管理職昇進、企業側での採用活動、数ヶ月単位の育児休職、社内公募での異動、組織変更とキャリアの危機、そしてゼロからの副業立ち上げ、独立起業と法人設立など、悩んで、悩んで、悩み抜いて、その都度、自分なりの「答え」を出してきました。

**　キャリアの当事者だからこそ、言えることがあります。**

**　今まで、本当に、本当に、真剣に「自分事」として悩んできたからこそ、伝えられることがあります。**

　それを、これから書きます。

**　会社に縛られず「生き残る人材」になるための、「正しいキャリアの選び方」を。**

序章

キャリア選びの
ヒント

「生き残る人材」になるための100のルールの具体的な
説明に入る前に、まずは準備段階として、簡単なキャ
リア診断のテストを用意しました。ちょっとしたアン
ケートのようなものです。

本書の第1章〜第5章の各章では、「人事異動」「転職」
など今後個人として目指す方向性に応じた、キャリア
構築のためのルールを詳しく紹介していきます。その
最初の入り口として、自分自身の現在地と、今後目指す
べき選択肢がどれなのかを知るための、少しのヒント
になれば幸いです。

キャリアに正解はないが、「正しい選び方」は存在する

改めて言います。キャリアに「正解」はありません。

転職するのが良いとも限りませんし、社内で出世を目指すのが正しいとも限りません。副業で稼げる人もいれば、稼げない人もいます。独立起業に向いている人もいれば、向いていない人もいます。

何が「正解」になり得るかは、人それぞれ異なります。

どこかに「正解」が転がっていると思ってはいけません。誰かが「正解」を教えてくれるわけではありません。

ただし、「正解」はなくても、「正しい選び方」はあります。

人それぞれ異なる「正解」に、個人個人がたどり着くための、キャリア選択の指針となる考え方です。

人によって状況はちがうので、誰に対しても「転職をするのが良い」「副業をするのが良い」とは一概に言い切れませんが、「こういう考え方で自分なりに試行錯誤していけば、選ぶべき道が転職なのか、副業なのか、はたまた今の会社に残って経験を積むことなのか、という判断が自然とできるはず」ということです。

❶ 自分はどのタイプ？

まずは、次のページのチャートを見てください。

スタート地点から各質問にYES/NOで答えて進んでいくと、自分の現状のキャリアがどのようなタイプなのか、わかるようになっています。

ただし、これは、よくある統計的・学術研究的なキャリアデザイン理論に基づいたものではなく、どちらかというと働く人たちの本音ベースで質問設定をしています。小難しい理屈を並べた「理想論」ではなく、日々働きながら悩んでいる人たちの「現実」を反映し、できるだけ丁寧に言語化したものです。

最後まで質問に答えると、A〜Eのいずれかのタイプにたどり着きます。

- ▶ **A：キャリア模索中タイプ**
  →現状を維持しつつ、今後についてじっくり考えるのがオススメ

- ▶ **B：バランス重視タイプ**
  →リスクを減らしつつ理想を実現できる、人事異動への挑戦がオススメ

- ▶ **C：リーダータイプ**
  →管理職に昇進し、長期的に会社の幹部を目指すのがオススメ

- ▶ **D：旅人タイプ**
  →自分の能力と信念を大事にしつつ、転職活動をするのがオススメ

- ▶ **E：クリエイタータイプ**
  →組織に縛られず生きるために、まずは副業を始めてみるのがオススメ

どのタイプに分類されるかは、個人の適性だけではなく、現時点での仕事に対するモチベーションや、直近で置かれた状況によっても変わるはずです。1年後、2年後にもう一度やってみると、最終的にたどり着く道が変わっているかもしれません。

まずは、自分の現在地がどこなのか、どの道を選ぶのが比較的良さそうなのか、このチャートで確認してみましょう。

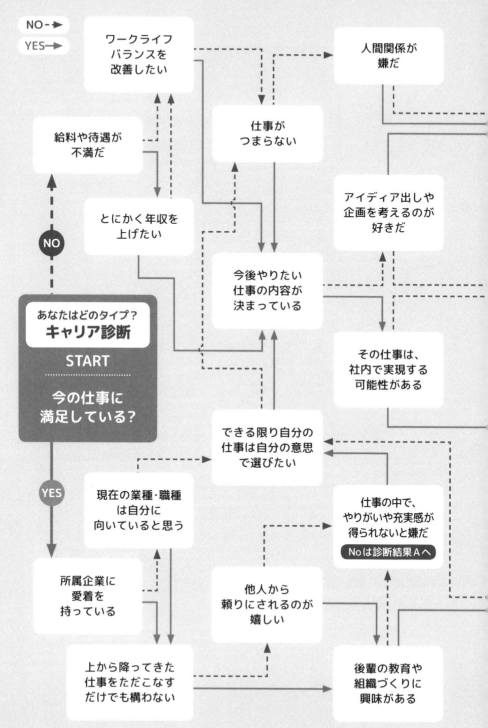

NO→
YES→

ワークライフ
バランスを
改善したい

人間関係が
嫌だ

給料や待遇が
不満だ

仕事が
つまらない

アイディア出しや
企画を考えるのが
好きだ

とにかく年収を
上げたい

NO

今後やりたい
仕事の内容が
決まっている

その仕事は、
社内で実現する
可能性がある

あなたはどのタイプ？
キャリア診断

START

今の仕事に
満足している？

できる限り自分の
仕事は自分の意思
で選びたい

仕事の中で、
やりがいや充実感が
得られないと嫌だ
Noは診断結果Aへ

YES

現在の業種・職種
は自分に
向いていると思う

所属企業に
愛着を
持っている

他人から
頼りにされるのが
嬉しい

上から降ってきた
仕事をただこなす
だけでも構わない

後輩の教育や
組織づくりに
興味がある

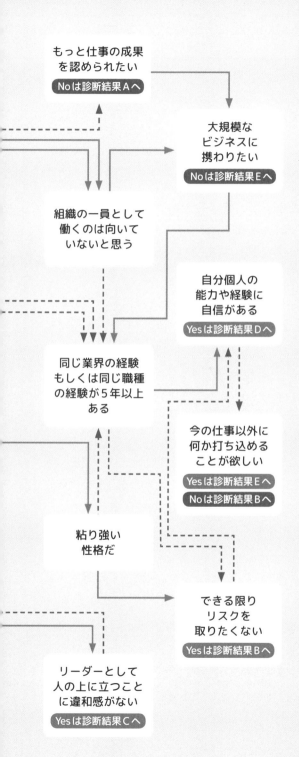

もっと仕事の成果
を認められたい
Noは診断結果Aへ

大規模な
ビジネスに
携わりたい
Noは診断結果Eへ

組織の一員として
働くのは向いて
いないと思う

自分個人の
能力や経験に
自信がある
Yesは診断結果Dへ

同じ業界の経験
もしくは同じ職種
の経験が5年以上
ある

今の仕事以外に
何か打ち込める
ことが欲しい
Yesは診断結果Eへ
Noは診断結果Bへ

粘り強い
性格だ

できる限り
リスクを
取りたくない
Yesは診断結果Bへ

リーダーとして
人の上に立つこと
に違和感がない
Yesは診断結果Cへ

診断結果
A
キャリア模索中
タイプ

あなたの選ぶべき道は
「とりあえず現状維持」

第1章　キャリアのルール
（25ページ）へ

診断結果
B
バランス重視
タイプ

あなたの選ぶべき道は
「社内での人事異動」

第2章　配属のルール
（67ページ）へ

診断結果
C
リーダータイプ

あなたの選ぶべき道は
「昇進と出世」

第3章　出世のルール
（109ページ）へ

診断結果
D
旅人タイプ

あなたの選ぶべき道は
「他社へ転職」

第4章　転職のルール
（151ページ）へ

診断結果
E
クリエイター
タイプ

あなたの選ぶべき道は
「副業と独立」

第5章　副業のルール
（193ページ）へ

キャリア決定の5つの要素

　前のページのチャートの全25問のうち、特に重要な質問が5つあります。これらがそのまま、キャリアの道筋を決定づける要素となっています。「変化への意欲」「志向の強さ」「協調性と同調性」「精神的忍耐力」「キャリアの成長レベル」の5つです。この中のいずれかの要素が変化すると、キャリアにおいて選ぶべき道も変わります。今後のターニングポイントになるべき要素として、覚えておくと良いでしょう。

❶ 変化への意欲

▶ このままのキャリアで良いと思っているか？

▶ 長期的な上昇志向・野心があるか？

　まずは、「今の仕事に満足しているか」が最初の質問です。何か具体的な不満があれば、その不満を解消すべく行動を起こす必要があります。一方で、特に待遇や仕事の内容に不満があるわけでもない、仕事がつまらないわけでもない…といった場合、リスクを取って挑戦する意味があまりないので、今のところは「現状維持」という選択肢も、十分にあり得ます。

❷ 志向の強さ

▶ やりたい仕事が明確に存在するか？

▶ 理想の仕事を絶対に実現したいという意思があるか？

現在の職場で何かしらの課題があるとしたら、その解決のために行動すべきです。このとき、具体的にやりたい仕事が明確になっているかどうかで、選ぶべき選択肢は変わります。やりたい仕事が見えているなら、そこにたどり着くために「転職」なり「異動」なりが可能です。一方、見えていない場合は、自分自身のことをもう少し知っておいた方が良いでしょう。

❸ 協調性と同調性

▶ **自分よりも組織を優先できるか？**

▶ **理不尽なことがあっても仕事だと割り切れるか？**

「自分がどんなタイプか」を知るうえで、大事なポイントの一つが協調性・同調性です。協調性とは、他者と協力して共に行動する性質です。同調性とは、個人としてなるべく目立たず、周りと同じ行動を取ろうとする性質です。この２つの性質が強ければ強いほど、会社員として組織に属し、メンバーの一員として働くことに適していると言えるでしょう。

❹ 精神的忍耐力

▶ **結果が出るまで何年でも辛抱強く待つことができるか？**

▶ **効率よく短期的に成果を挙げるより、長期的なローリスク・ローリターンを選ぶ性格か？**

キャリア構築において、この要素が出てくるのは意外かもしれません。ただ、現実的なキャリア選択を考えると、目標を最短で叶えたいのか、じっくり長期的に取り組みたいのかという性格のちがいによって、とるべき行動が変わるのは必然です。25歳までに部分的にでも実現したいのか、遅くとも30歳までに叶えたいのか、35歳まで辛抱強く取り組めるのか、などのちがいです。

❺ キャリアの成長レベル

- ▶ 最低限、同一業種 or 同一職種で5年以上の経験があるか？
- ▶ 過去の経験・保有スキルが、他者から見て高く評価される自信が あるか？

　これは個人の性格というより、「自分自身の現在地」としての判断基準です。叶えたい目標が何であったとしても、現実的に、キャリアの弱い人に仕事を選ぶ権利はありません。自分にやれることをやるしかありません。キャリアが未成熟でまだ挑戦する時期ではないという場合、転職や副業などの選択肢は一旦見送って、社内の異動に手を挙げるなど、極力リスクの低い行動をとるべきです。

さあ、具体的に何をすればいい？

　もちろん、このチャートの結果だけで何かが決まるわけではありません。ただ、改めて自分自身のキャリアの道筋を考えるうえでの、一定のヒントにはなるでしょう。少なくとも、何もないところから手探りで道を模索するよりは、思考プロセスのきっかけになるはずです。

　ちなみに、チャートのスタート地点からすべての質問に「YES」と答え続けた“イエスマン”は「社内の出世」という道にたどり着き、逆に、すべての質問に「NO」と答え、一体どこに問題があるのかわからない“キャリア迷子”は最終的に「とりあえず現状維持」にたどり着くという、若干皮肉な裏設計もしてあります。自分自身を知るための、少しの手掛かりになれば幸いです。

　この先、第1章以降では、チャートのA～Eそれぞれのタイプに当てはまる「転職」「出世」「副業」などの道筋に対して、**具体的にどのような行動をすればいいのか、手始めに何から取り組めばいいのか**ということを書いていきます。その際に必要となる認識や、失敗しやすい要素などについても、**合計100の「キャリア選択のルール」**として紹介していきます。

　先ほどのYES/NOチャートでたどり着いたA～Eタイプに応じた各章の内容はもちろんのこと、自分が行き着かなかったタイプに関しても、第1章～第5章のすべての章を読んで、現実的に他にどんな選択肢があるのか、知識として知っておいてください。

それによって、「やはり自分はこの道ではないな」と改めて実感するかもしれません。あるいは、「あれ、もしかして、自分はこっちの方が向いているかも…」と意外な選択肢が見えてくることもあるかもしれません。チャートの結果を参考にしつつも、将来の道は、柔軟に幅広く考えた方がきっと良いです。

　キャリア選択のための100のルールをすべて知ったとき、あなたは、自分に最も適した「キャリアの選び方」を理解し、それを具体的に実践して、会社に縛られず「生き残る人材」に一歩近づくことができるはずです。

　では、始めましょう。

第1章

キャリアの
ルール

本書冒頭のチャート診断結果＝Ａ：キャリア模索中タイプのあなたは、なんとなく今の仕事に満足していないものの、その原因を上手く言語化できずにいるのではないでしょうか。まずは、今の自分に何が足りないのか、確認するところから始めてみましょう。すぐに、何か変化を起こさなければいけないわけではありません。ただし、変化を求めないのであれば、「なぜ変化が必要ないのか？」という理由をしっかりと考え、明確にできていた方が良いでしょう。何事も、思考停止で選択をしてはいけないからです。

1 なんとなく今の仕事が 好きではない、という人へ

　多くの人が、キャリアに関して悩みを抱いています。現在の仕事に満足できず、モヤモヤした気分で日々働いています。しかし、必ずしも、その原因まできちんと言語化できている人ばかりではありません。

- ▶ 会社を辞めたいわけではないけど、そんなに会社が好きでもない
- ▶ 仕事に対するやる気・モチベーションがあまり湧いてこない
- ▶ 今の仕事はなんとなく自分に合っていないような気がする
- ▶ 自分の将来に、なんだか漠然とした不安を感じてしまう

　こういう状態の人は、意外なほど多いです。
　私のもとにも、過去にたくさんの人から「仕事に対するやる気がでない」「仕事が合っていない気がする」という相談が来ました。
　しかし、さすがに、この情報だけでは何も処理できません。具体的にとるべき次の行動がはっきりしません。

- ▶ 仕事に対するやる気を削いでいる要素は何か？
- ▶ 仕事が合っていないというのは、どの部分が合わないのか？

　これらが上手く言語化できていないからです。「やる気がない」「自分に合っていない」と一言で済ませるのではなく、具体的な原因を考える必要があるということです。

❶ 何が「仕事に対するストレス」を生んでいるのか？

　自分にとって、今の仕事の中で何がどのように嫌なのか、きちんと言語化することで、それに対する解決策も自然と見えてきます。

悩み		解決!!
営業の仕事内容が嫌だ	▶	職種を変えよう
満員電車が嫌だ	▶	リモートで働ける職場を探そう
上司のパワハラが嫌だ	▶	人事部やコンプライアンス窓口に相談しよう
同僚との付き合いが嫌だ	▶	社内異動の希望を出してみよう
仕事が評価されないのが嫌だ	▶	成果主義の会社に転職しよう
給料が安いのが嫌だ	▶	副業で収入を増やそう

　もちろん、原因が一つではなく複数ある、ということもあるでしょう。それぞれの原因に対する解決策も、一つではなく複数あるはずです。

　まずは、自分のキャリアの悩みをモヤモヤしたまま放置せず、きちんと原因まで言語化するのが大事です。

2 「何も選ばない」を選んでいる自覚を持つ

キャリアとは、基本的に「選択」の繰り返しです。

- ▶ 社内での出世を目指すのか、社外への転職を目指すのか
- ▶ 年収や待遇を取るか、ワークライフバランスを取るか
- ▶ 無数にある仕事の中から、どの業界、どの職種に就くか
- ▶ 就職先としてA社を選ぶか、B社を選ぶか
- ▶ 東京で就職するか、地元に戻って働くか

あらゆる選択のうえに、キャリアは形作られていくものです。

社会人として働いている人は皆、例外なく「キャリアの選択」をしています。

❶「現状維持」という選択

このとき、注意しなければならないのが、「転職もしない、副業もしない、人事異動も希望していないし、出世も目指していない、現状のまま働きたい」という人も、実は**「何も選ばない」という能動的な選択をしている**ことです。**「何にも挑戦せずに現状を維持する」という選択をして、そのリスクを取っている**、ということです。

よく、転職した人を見て「どうして転職したの？」と質問をする人がいますが、その人に「じゃあ、あなたはなぜ今の会社で働いているの？」と聞くと、明確に答えられなかったりします。本来は、「転職する」も「今の会社で働き続ける」も、等しくキャリアの選択であり、どちらかが特別なわけではありません。

　ここに、現代のキャリアの落とし穴があります。

　例えば、今の時代、転職は決して珍しいことではありませんし、副業も、それほど難しいことではありません。「転職をする」「副業をする」のに明確な理由が必要だと言うなら、「転職をしない」「副業をしない」のにも理由がないとおかしいです。これらは、「する」「しない」いずれも等しく「キャリアの選択」だからです。
　「転職はしないに越したことはない」「本業が上手く行っているなら副業はしなくていい」というのは、旧世代の古い価値観です。今となっては、「複数回の転職をした方がメリットがたくさんある」「せっかく副業で稼げる機会をみすみす逃している」というケースも非常に多いです。

　必ずしも、誰もが皆、転職をすべきだ / 副業をすべきだというわけではありませんが、少なくとも、「数ある選択肢の中の一つ」として頭の片隅には置いておくべきです。
　今のところは現状維持でも構わないけれど、「なぜ現状維持なのか」という理由がないと、単なる思考停止になってしまいます。

　何かを選ぶことにはリスクがあり、何かを選ばないことにも同様にリスクがあるからです。明確な理由もなしに、「私は転職しません」「副業にも興味はありません」「出世するつもりもないです」などと言い切ってしまうのは、非常にもったいないです。

3 仕事を頑張っていれば 報われる、という嘘

キャリア構築を語る際に、「20代のうちはとにかくハードワークだ」「激務に耐えて生き残った経験がやがて糧になる」などという精神論を語る人は未だに多いです。特に、膨大な労働量をこなすことで成長を遂げた人たちは、自身の経験から、それが正しいと信じています。「若い頃は死ぬほど働け」と言う人までいます。

しかし、当然ながら、これは**生存者バイアス**です。「若い頃は死ぬほど働け」とハードワークを強調する成功者たちの影には、その何倍もの数の、ハードワークで潰れていった脱落者たちがいます。

「とにかく量をこなせ」という教訓が間違っているとは私も思いません。量をこなすことによって、徐々に効率よく仕事を回すスキルが身につき、結果的に成長につながったという経験は、私にもあります。ただし、この教訓は、万人共通で役に立つものではありません。

実際に、新卒1年目からあまりのハードワークに耐えられず早期離職してしまう人、過労で倒れて働けなくなる人などもいます。

何より、**「とにかく量をこなせ」の価値が、10〜20年前と今では大きく異なるのではないか**、と私は考えています。今や、「量をこなすことで徐々に効率よく仕事を回す術を身につける」よりも、「AIを使いこなす」方が効率化のスピードは圧倒的に早いです。膨大なエクセル作業をこなすことで作業速度が速くなるより先に、AIの進化によってエクセル作業自体が丸ごと要らなくなってしまう時代です。

今の若者は「ムダかもしれない努力を嫌う」「確実にリターンがあることだけに投資したい」という傾向があると聞きます。それを「怠惰だ」と批判する人もいます。しかし、おそらくこの考え方の背景にあるのは、若者の堕落ではなく、**「ムダかもしれない苦労」を将来活かせるチャンスが現実的にどんどん減っているという事実**ではないでしょうか。

　一昔前だったら、一見ムダだと思うようなことでも、長い間積み重ねた努力がいつかどこかで花開くということがあったのかもしれません。そういう美談を語る人は極めて多いです。

　しかし、**「いつかどこかで花開く」では、もう今後は生き残れません。**いつか・どこかではなく、このスキルを身につければ2年後就活で役に立つ、この業務を5年以上経験すれば転職で年収が上がりそう、などストレートな価値を選んで時間を投資しない限り、キャリアではどんどん負け組になっていってしまいます。

　先人に従って、とにかく「努力の量」をこなすのではなく、果たしてその努力の対象に、自分の貴重な時間を注ぐだけの価値が本当にあるのか、「努力の質」をきちんと吟味しておくべきです。

　目の前の仕事をただ頑張っているだけで報われる時代は、もう終わったのです。

若いときは死ぬほど働け!!!
圧倒的成長だ!!

そんなに働いても報われない…

カタカタ…

4 やりたい仕事なんて、なくてもいい

　キャリアの話をし始めると、やたらと、**「自分のやりたい仕事を実現する」** といった発想になりがちです。ただ、こういう考え方って、ほとんどの人にとってあまり意味がないのではないかと私は思います。

　なぜかというと、ほとんどの人には、**「どうしてもやりたい仕事」なんて特にない** からです。

　仕事の中で何か実現したいことがあって、そのために働いているという感覚の人っておそらく少数派で、たいていの人は「生活費を稼ぐため」「遊ぶお金が欲しいから」「家族を養うため」などの理由で仕事に就いているはずです。つまり、**仕事をしないとまともに生きていけないから、仕方なく仕事をしているだけ** の話です。

　日々こういう状態で生きている私たちに対して、「やりたいことを実現しましょう」「なりたい自分になりましょう」などと、まるで宗教の勧誘のように「自己実現」の押しつけをされると、ちょっと違和感を持ってしまいます。別に、「実現したいこと」だなんて、そんな大それたものはほとんどの人は持っていないのだから。

❶ 仕事は、手段に過ぎない

　仕事は、あくまで手段です。 人それぞれの色々な希望、例えば、趣味にもっと時間とお金をかけたい、子どもを良い学校に入れてあげたい、毎年1回は海外旅行に行きたいなど、個人的なやりたいことを実現するための手段です。仕事自体が「やりたいこと」である必要はまったくありません。

もちろん、仕事自体が好きだという人もいるとは思いますが、全員がそうではないでしょう。無理して仕事を好きになる必要はないし、毎日仕事を楽しもうとする必要もないです。

**　過去1年間を振り返って、「まあ、この仕事もそう悪くはないかな」くらいに思えていれば、御の字です。あるいは、「この仕事をしていて本当に良かった」と思える瞬間が、3年に1回でもあれば十分です。**

　仕事には、波があります。365日ずっと楽しいわけがありません。もしそんな人がいたら、単なるワーカホリックの社畜です。もはや病気です。そんな状態を目指さなくていいです。

　仕事はあくまで、目的を果たすための手段に過ぎないので、「安定収入を得る」「仕事を通して経験を積む」などの個人的な目的が果たせている限りは、日々の細かいプロセスまで丸ごと好きになる必要はありません。

**　一方で、年間トータルでずっと辛い（良い悪いの波がなく、ただひたすら辛いだけ）、過去3年間続けても一度も嬉しかったことがない、などの状況なら、そのときは、仕事を変えた方が良いです。**

　いくら「手段に過ぎない」とはいえ、激しい苦痛を伴う場合や、長期的な継続が困難な場合は、現実的に、「手段」としても成立していないからです。

　仕事で生計を立てるのは大事なことですし、強いキャリアを構築するのは大事なことです。しかし、少なくとも、「目的達成の手段だから仕方がない、やってやるか」と日々のモチベーションを維持することができないと、長期的に自分を苦しめるだけです。

**　仕事を無理に楽しむ必要はありませんが、最低限、苦痛にならない仕事を見つけた方が良いということです。**

5 会社にとって「都合の良い人」になってはいけない

　仕事はあくまで手段に過ぎない、という話をしました。同様に、「会社員として働くこと」も、手段に過ぎません。

　会社とは、乗り物のようなものです。

　その会社に乗っていれば「目的地」にたどり着けそうだから乗っているだけです。もっと早く着けそうなルートがあると気づいたら、別の交通手段に乗り換えた方が良いです。もし、その会社が「沈みゆく船」であれば、さっさと降りた方が賢明です。当然ながら、交通手段に人生を捧げる必要はないですし、交通手段のために生活を犠牲にする必要もありません。

　自分にとっての「目的地」へ運んでくれるからこそ、会社に対して自分の時間を投資している価値があるのであって、そのまま乗っていても「目的地」に着けないのであれば、早くルートを変えないといけません。

❶「運賃」以上の働きをする必要はない

　そして、会社に対して必要以上の「運賃」を支払ってはいけません。サービス残業や、無給の業務外活動、行きたくもない飲み会などに時間を使うのは、完全にムダな行為です。その行動によって、「目的地」に近づけるのであればそうすればいいですが、そうでないなら、単なるボランティアで、有限で貴重な時間を無償で差し出していることになります。

日本では未だに新卒一括採用・終身雇用が前提の会社が多く、みんな「会社に対する貢献」を気にしがちです。確かに、その会社で働く以外の選択肢が一切ない人にとっては、社内の人事評価次第で自分のキャリアがすべて決まるので、会社第一で考えるのは自然な傾向かもしれません。

　しかし、読者の皆様はすでに気づいている通り、現代人のキャリアはそんなに画一的なものではなく、実際には「社内で出世する・安定して働く」以外にも多くの道があります。

- ▶ **今よりも待遇の良い会社に転職して、年収を大幅に上げる**
- ▶ **特定分野のスペシャリストとして、管理職にならなくても稼げるようになる**
- ▶ **フリーランスとして独立し、自分一人で自由な環境で働く**
- ▶ **本業＋副業で収入を最大化しつつ、会社員のメリットを享受する**

　もはや、「普通のサラリーマン」は今後生き残れません。会社の中で出世したところで、「安定」が約束されることはありませんし、年収の低い会社で長く働き続けることを「安定」とは呼びません。

　近年の急激な円安傾向と物価上昇により、実質賃金は下がり続けていますし、会社員に対する社会保険料の負担は今後も増え続ける見通しです。それどころか、退職金の課税範囲にまでメスが入ると言われています。
　「真面目に働く」のではなく、「賢く働く」ことなしには、今後のビジネスパーソンに明るい未来はないのです。会社に人生を捧げ、会社にとって「都合の良い社員」になるのは、もうやめましょう。

6 | この不平等な世界で、唯一「平等なもの」

この世界は、本当に不平等です。恵まれている人と恵まれていない人の差が明確にあります。才能や容姿もそうですし、生まれた家の資産などによって、人生が最初からイージーモードの人と、ハードモードの人がいます。

ゲームのスタート時点で、「最初に配られたカードの強さ」がまるでちがうのです。いわゆる、「親ガチャ」みたいなものです。これは、もう宿命なので、考えても悩んでも仕方がありません。

人生は、配られたカードで戦うしかありません。

バブル時代に難なく就職して、そのまま年功序列で出世して、「働かないオジサン」なのに年収1,000万円以上稼ぎ、そのまま定年退職まで逃げ切り、という世代もいます。

同時に、就職氷河期でろくな会社に入れず、転職先もなく、今さらになって「ジョブ型雇用」だとか「リスキリング」だとか言われて梯子を外され、退職金にまで課税されようとしている可哀想な世代もいます。

ただ、こういった理不尽や不平等はあらゆるところに存在しますし、世の中そういうものなので、「自分はなんて不幸なのだろう」と嘆いても、あまり意味がありません。現状を嘆くよりも、配られたカードでどうやって戦うかを考えた方が建設的です。

この世の中、どこを見ても不公平や不平等だらけですが、ひとつだけ、誰にでも平等なものがあります。

　「時間」です。

❶ 誰にとっても平等なのは、時間だけ

　時間だけは、1日24時間、誰にでも平等です。全員に等しく配られたカードです。**このカードの使い方で、人生は決まります。**

　時間の使い方次第で、配られたカードを鍛えて強くすることもできますし、新しい武器を獲得して手持ちのカードを増やすこともできます。もともと配られたカードが弱くても、なんとか戦えるようになります。時間だけは、誰にでも平等です。だからこそ、きちんと正しい努力を選んで時間を使うことが重要なのです。

　与えられた時間を、何にどのくらい投資するのかという「選択」次第で、キャリアのほとんどは決まってしまいます。

　役に立たない資格を取得するために20代の何年もの時間を費やしてしまったら、30代以降、同世代の競争相手と差がついてしまい、もう勝つことは難しくなってしまいます。

　日々の仕事の中で会社のビジネスにいくら貢献していても、それが自分自身の将来のためになっていなければ、まるで会社のために人生を捧げている社畜のような状況になってしまいます。

　毎日、ただなんとなく働くのではなく、意味のあることを正しく選んで、時間を投資しましょう。

7 3年後の目標を設定しよう

　では、一体何を以て「自分にとって意味のあることだ」「ムダなことだ」という判断をすべきなのか？

　この取捨選択の考え方についても、触れておきましょう。

　基本となるのは、下記のような方針です。

- ▶ 3年後に何を達成したいか・どうなりたいかを、できるだけ具体的に定義する
- ▶ その「3年後の目標」に近づける努力だけを選んで実行する

　まずは、**「3年後の目標」設定**です。1年後でも10年後でもなく、3年後くらいがちょうどいいです。

　例えば、1年後を達成期限にしてしまうと、今日時点ですでに動き始めていないとおそらく間に合わないので、大して意味のある目標設定になりません。

　一方、5年後、10年後というのは不確定要素が多すぎて、どんな目標を設定したところで、ほぼ確実に思い通りにはいきません。真剣に考えるだけムダです。

❶5年後の自分は、ほぼ別人になっている

　今から5年前には、コロナ禍もChatGPTもありませんでした。世間の常識がガラッと変わるような大きな動きがあると、5年も前に立てた目標は、あっという間に妥当性を失う可能性があります。

　また、5年も経つと、身の周りの環境も自然と変わります。結婚したり、子どもが生まれたり、親の介護が必要になったり、大きな病気をしたりと、仕事やキャリア以外のプライベートな状況もあります。5年前に考えた目標を、何があっても強固に持ち続けて絶対に達成すると言い切れるストイックな人は、おそらく少ないでしょう。

昇進でも転職でも副業でも人事異動でも、現在の仕事の中での挑戦でも、何でもいいです。
3年程度を目安に、まずは目標を定めてみましょう。

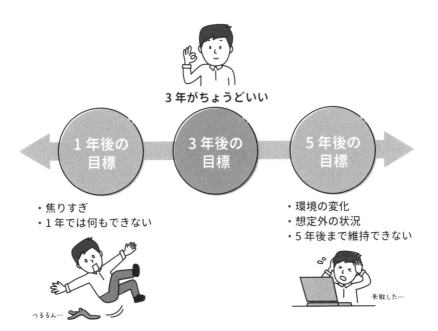

3年がちょうどいい

1年後の目標

3年後の目標

5年後の目標

・焦りすぎ
・1年では何もできない

・環境の変化
・想定外の状況
・5年後まで維持できない

つるるん…

失敗した…

8 戦略とは、「捨てる」こと

3年後に達成すべき目標が決まったら、最も重要なのが「それ以外を全部捨てる」ことです。

　何をやるか決めたということは、見方を変えれば、何をやらないのかを決めたということです。**「3年後の目標」に少しでも近づけることだけを取捨選択して、それ以外のことは捨てるという姿勢が大切**です。

　なぜかと言えば、この世において誰にも等しく重要なのは「時間」だけであり、自分の「時間」をどこに投資するかという判断次第で、ほぼ人生は決まるからです。

　有名なマイケル・ポーターの競争戦略でも、「捨てること」が強調されています。自分が持っているリソースをどう活用するかという経営判断が重要であり、「やらないことを決める」重要性と難しさを説いています。

　私は過去に、ニッチ業界の日系大手メーカーや、ほぼ無名の中小企業、超有名な巨大企業などで働いてきましたが、それぞれの職場に所属する人たちの個人の能力は、どこに行ってもあまり変わりませんでした。

　年収や待遇は全然ちがうのに、能力的には大差はなかったのです。一部の超優秀な天才やエリートを除いて、人間が持っている能力なんて、そんなに大きくは変わらないです。個人差は多少ありますが、ほぼ誤差みたいなものです。

それより、**自分の身をどこに置き、何に時間と労力を投資するか**の方が遥かに重要な要素です。

私のような、大して地頭も良くない高学歴でもない凡人が、32歳で「外資系大手ＩＴ企業の部長職」という経歴を手に入れることができたのも、結局は、**学生時代に英語学習だけにリソースを全振りして、就活でギリギリ大手企業に潜り込めた**ことや、**苦手な仕事を徹底的に避け、得意分野だけで評価される会社を探して転職してきた**ことなどが主な成功要因だと思っています。凡人でも、一か所に全振りすれば、その一点突破では勝てるのです。

例えば、３年後の目標が**「管理職への昇進」**なら、管理職登用の条件を満たすことだけを考え、それ以外のあらゆることの優先度を下げてください。「管理職になりたい。資格も取りたい。副業も始めたい」などと欲張らず、一つだけに集中するのが大事です。

仕事を頑張って結果を出すことも必要かもしれませんが、それ以上に、「偉い人の目に留まるところにいる」「直属の上司から個人的に気に入られる」などの方が重要だったりします。

一方、３年後の目標が**「異業界への転職」**なら、その業界で評価されるスキルや職歴を確実に手に入れることに全力を注いでください。行きたい業界・職種の求人票を転職エージェント経由で手に入れ、そこに書いてある「求める人材の条件」をできる限り多く満たすことに、今後３年間を使ってください。

どうせ転職するつもりなら、今の会社の社内で評価されてもそれほど意味がありません。社内評価のために残業をして、転職活動の準備のための時間を犠牲にするのは、さすがに本末転倒というものです。

戦略とは「捨てること」であり、「やらないことを決めること」です。目標達成のために、それ以外をすべて捨てられる人だけが、最速でその目標を達成するのです。

9　25歳までに「職歴」を手に入れる

　ここからは、「25歳」「30歳」「35歳」までのそれぞれの節目で目指すべきこと、社会人として生き残るために最低限手に入れておきたいものについて、書きます。

　まず、**20代前半、キャリアの序盤戦の考え方**です。

　この段階で目指すのは、**とにかく何かしらの「職歴」を手に入れること**です。すべてのキャリアはそこから始まります。

　そして、「職歴」とは、会社員として働いていれば自然と全員が手に入れられるものではありません。

　無職じゃない限り、勤続年数に応じて、「職務経歴書に書ける職歴」は手に入るんじゃないの？と思うかもしれませんが、それはちがいます。職務経歴書に書けても、誰からも評価されない「職歴」には、あまり価値がありません。

　評価される職歴の最低条件は、以下の３点です。

- ▶ 目安として３年程度、同じ職種／類似職種で働いている
- ▶ 目安として３年程度、同じ業界／類似商材の仕事をしている
- ▶ 目安として３年程度、同じ会社での勤続年数がある

❶ キャリアは、3年単位で考える

キャリアは、基本的に「3年で一区切り」です。

なぜ「3年」にこだわるのかと言えば、会社の外から見たときに、転職をするにしても、業務委託やフリーランスとして働くにしても、**最も普遍的な評価基準となるのは「実務経験年数」**であり、経験ありと見なされるのは、最低でも3年以上だからです。

実際、中途採用の求人票を見ると、「〇〇職での実務経験3年以上」「〇〇もしくは近しい経験5年以上」などと書いてある場合がほとんどです。

この「一定の評価に値する職歴」がないと、自分の仕事の実績が社内でしか認めてもらえず、キャリアが存在しないのと同じになってしまいます。「服屋に着ていく服がない」という絶望的な状況です。

たまに、新卒入社すぐに「こんな仕事を続けていても、将来のキャリアにつながらないから辞めたい」と言い出す人がいますが、会社の外から見たら、**業界・職種・会社名・役職名・経験年数だけで人材評価の7割くらいは決まります。**仕事の内容以前に、経験年数が短すぎる人は評価対象にさえなりません。

最も気をつけないといけないのは、社内のジョブローテーションで複数の部署をたらい回しにされたり、会社都合の組織変更で担当業務が短期間にガラッと変わったりする状況です。自分の意思ではなかったとしても、事実として残るのは「コロコロ仕事が変わっている」というマイナス要素だけです。

25歳までに、何かしらの「3年以上の一貫性ある職歴」を手に入れる。それができれば、キャリアのファーストステージは、とりあえずクリアしたと言えるでしょう。

10 | 30歳までに「武器」を手に入れる

20代半ばくらいまでは、未経験でも何とか転職は可能ですし、大した職歴がなくてもポテンシャル採用で就職できることもあります。学校を卒業した後、就職しなかった「既卒」の人にもまだチャンスがあります。職歴を積んでキャリアを強くすることができなかったとしても、一応、まだ逆転は可能です。

しかし、30歳を過ぎると、さすがにそうはいきません。社会人として何らかの職歴を持っているというだけではなく、「あなたは何ができるの？」という武器が必要になります。

❶「人材としての価値」の言語化

大事なのは、「私の武器はこれです！」と**明確に言語化**することです。ほとんどの人が、自分の武器を上手く言語化できていません。

「私には人に誇れるような経験は何もなくて、武器と呼べるようなものは何も……」などと悩む必要はありません。**その辺にある棒切れを拾って、「これがエクスカリバーです」と言えばいいのです。**

冗談を言っているわけではありません。ただの棒なのに嘘をついて「エクスカリバーです」と言い張れ、という話ではありません。**自分にとってはただの棒きれにしか思えなかった何の変哲もない経験が、それを高く評価してくれる人のところに持っていて、適切に言語化すれば、自分だけの最強武器・エクスカリバーとして生まれ変わるのです。**

私の友人に、元自衛官の人がいます。彼の自衛隊時代の「防衛」に関する仕事の経験は、一見、特殊過ぎて自衛隊以外の職場では評価されないように思えます。実際、どこに行っても高く評価されるという類のものでは決してないでしょう。ニッチな経験であることは確かです。

　しかし、彼は転職活動において、自衛隊で培った戦術や戦略、インテリジェンスなどの経験を「危機管理」のノウハウであると言い換え、情報セキュリティや経営リスク判断も含めたERM（統合型リスク管理）という分野でキャリアを開花させることに成功します。

　今では、その分野のプロフェッショナルとして、40代になっても転職市場で引っ張りだこ人材になっています。彼にとって日常の担当業務でしかなかった「防衛関連の仕事の経験」が、「ERM（統合型リスク管理）のプロ」というエクスカリバーに生まれ変わったのです。

　要するに、重要なのは、**自分の経験を、「誰に」「どうやって売るか」**という話なのです。

　30歳を過ぎる頃までに、**「自分の過去の経験は、この分野で、こういう言い方で説明すれば高く売れる」という必勝パターン**を作っておくと、仮に将来リストラされても怖くない、会社が倒産しても他で食べていけるだろう、という絶対的な自信がつきます。

「誰に」「どうやって」売るか次第で、人材の価値は大きく変わる

11 | 35歳までに「安定」を手に入れる

キャリアの理想としては、**35歳までに「安定」を手に入れる**ことができると良いです。

この不安定な社会で、もはや「安定」など存在しないと、よく言われます。私が大学を卒業した2010年、シャープや東芝は超優良企業でしたが、どちらもその後、経営危機に瀕してたくさんの社員がリストラの憂き目に遭いました。絶対王者かと思われたGAFAでさえも、近年では次々に大量解雇（レイオフ）を実施しており、今やどんな大企業、ホワイト企業の社員であろうと、長期的にどうなるかはわかりません。

「安定」を手に入れることは、不可能なのでしょうか？
そんなことはありません。現実的に、「安定」は手に入ります。

100％確実に安全だとは言いませんが、「まあ、何があってもほぼ問題ないだろうな」という状態は作れます。

具体的な方法としては、下記の3つくらいです。

- ▶「いつでも戻れる場所」を作る
- ▶「資産」を作る
- ▶ 複数の「収入源」を作る

まず、**「いつでも戻れる場所」**です。30歳までに作った「この業界のこの分野であれば、自分は高く評価される」という武器、自分だけの必勝パターンを、さらに時間をかけて強くしていくと、「今後何があっても、この分野に戻ってくれば食いっぱぐれはないな」という自信になります。

　例えば、私は新卒入社から約10年、同じ業界の同じ分野で経験を積んでおり、複数の有名企業の経験もあります。仮に今後無職になることがあったとしても、その業界で拾ってもらうことはできるでしょう。これは、将来の「安定」のための一つのセーフティネットになります。

　次に、**「資産」**を作ること。これは金融資産だけの話ではありません。もちろん、金融資産を蓄えて不労所得を得られるようにするのも、有効な対策の一つではありますが、それだけに限ってしまうと、元手資金がない人には難易度の高い話になってしまいます。ここで言う「資産」とは、英語スキルでも、SNSフォロワー数でも、仕事上の人脈でも構いません。長期的に自分の力になってくれる、何らかの無形資産です。

　最後に、複数の「収入源」について。これはよく言われていることですね。会社員の給与以外に継続的な「収入源」があると、一気に「安定」は現実的な話になります。私の場合は、本業の仕事以外に副業収入があります。それ以外に、投資による収益も多少はあります。本業が突然ダメになったとしても、他に食べていく手段はありますし、すべての収入源が一気に消えるというのはあり得ないでしょう。

　このように、35歳までにある程度「安定」した基盤を作ることができると、それ以降のキャリアは本当に自分の好きなことだけを自由に選んでやれるようになります。そこからが、本当のキャリアの始まりです。

12 人脈は大事だが、人脈に頼っている人は破綻する

　キャリア関連の話の中では、たびたび**「人脈の重要性」**が強調されます。人脈は、確かに大事です。社内のコネにしても、社外の異業界交流のツテなどにしても、人脈がない人よりは、人脈を持っている人の方が明らかにあらゆる点で有利です。

　例えば、社内の昇進に関しても、社内人脈や派閥・学閥などを押さえておいた方が、出世は圧倒的に有利です。人事評価は、所詮人間が決めているものなので、公平性などありません。

　決裁者から見て、顔と名前が一致しないよく知らない社員よりは、ゴルフや飲み会や社内イベントなど、何らかのきっかけで「人となり」を知っている社員の方が、昇進に対してOKを出しやすいというものです。

　転職活動でも、信頼できる転職エージェントを知っているかどうか、リファラル（社員紹介）で入社させてもらえそうな個人的コネはあるか等は重要な要素です。過去の会社の同僚が仕事をつないでくれることもあります。

　副業や独立をする際にも、既存の人脈なしでまったくのゼロからビジネスを始めるのは、なかなか大変です。初対面で名刺交換をしただけの人や、突然DMをもらった人などを信頼して、ポンとお金を出す企業は稀でしょう。

　人脈さえあれば、それだけで生き残っていける人もいますし、人脈がないというだけで、実力はあるのにチャンスに恵まれない人もいます。この世の中、人脈が大事だという話は間違いないでしょう。

ただし、**人脈に過度に依存している人は、それはそれであまり未来がな
い**ような気がします。

　私の知人で、50代の人が、「今まで、若い頃から可愛がってもらってい
た重鎮の人たちからよく仕事をもらっていて、『あのメンツとのコネがあ
る』というのが自分の武器だったが、もうダメかもしれない。自分も歳を
取り、昔からよく知っている人たちはどんどん引退してしまって、いなく
なっている」と言っていました。

　別の30代の知人は、大手企業を退職して、友人の紹介でベンチャー企
業に転職したのに、自分が入社した直後にその友人が問題を起こして退
職、唯一の味方がいなくなり社内では四面楚歌になってしまいました。再
度転職しようにも年齢・経験値的に厳しく、ずっと四苦八苦しています。

　また別の知人は、ある会社の社内で営業部長から寵愛を受け、部長が昇
進したあかつきには彼が後釜として次期部長になるのは確実、と言われて
いましたが、結局、その営業部長が社内政治で負けてしまったため、自分
の昇進も絶望的になってしまっていました。

　人間関係とは、永遠に続くものではありません。ある日突然、裏切る人
もいます。いなくなってしまう人もいます。仮に、関係性が良好だとして
も、病気や家庭の事情などで仕事を引退するケースもあるでしょう。

　人脈は大事にした方が良いです。ただし、人脈に頼るようなキャリアの
築き方は、いずれ、自分の首を締めます。

　**本当に大事なのは、「昔からよく知っているあの人だから、仕事を振っ
てあげよう」というウェットな関係の維持ではなく、初対面であっても、
「この人、初めて一緒に仕事するけど、めちゃくちゃ頼りになるな」とい
う信頼関係を作れるようになることです。**

13 プログラミングを学べば将来役に立つ？

　仕事を通して成長するという話になると、安易に資格に走る人が結構な数います。しかし、これはほとんど場合、間違いです。**社会人が学歴や資格を手に入れる意味は、実はほとんどありません**。

　悲しいですが、これが事実です。よく、「IT業界は将来性があり、年収も高いから、プログラミングを身につけてIT業界に転職しよう」「資格を取って、手に職をつけよう」などという謳い文句の広告を見ます。

　しかし、これは言うまでもなく、単なる資格ビジネスに過ぎません。中小企業診断士やキャリアコンサルタントなどの資格も近年非常に人気ですが、これらを持っていたところで転職の武器になることはほとんどありませんし、これらの資格だけで独立して食べていける人は非常に少数です。**ほとんどの人は、資格を取ってそれで終わりになっています**。

　転職活動の際には、資格だけあってもほとんど価値はなく、**「資格」＋「実務経験年数」**が重要です。むしろ、資格はなくても、実務経験さえあれば採用してくれる会社は多くあります。

　例えば、TOEICの点数がいくら高くても、それだけでは意味がなく、英語での実務を何年積んでいるのかという具体的な業務経験を厳しく見られるのが普通です。また、英語実務が必須の仕事では、ほぼ必ず英語面接があります。このとき、英語スキルがあると評価されれば、資格の有無はまったく関係ありません。一方、面接で喋る英語が下手くそだと、TOEIC満点であっても採用されることはありません。

プログラミングに関しても、具体的な実務経験を証拠として提示することなしに、「プログラミングスクールに通っていました」と言われても、採用する側から見たら、未経験者と大差はないです。

❶ 重要なのは、「資格」＋「専門性」

　副業や独立の際にも、重要なのは**「資格」＋「専門性」**です。たかだか1年くらい勉強すれば取れる程度の資格にあまり意味はなく、資格を持っているだけで仕事が舞い込んでくるというケースはほとんどありません。公認会計士や弁護士などの超難関資格を除いて、資格を持っているだけでキャリアが有利になるのは考えにくいですし、資格を取れば何か道が拓けるのかというと、そんなことは決してありません。

　社会人大学院などに関しても、純粋に学びたいという気持ちで入学するなら良いものの、キャリア構築の手段として通うのは、やや安易だと思います。よほど有名な名門大学だったり、大学関連のコネで仕事が決まったりするなどの副次的な要素がない限り、「大学院卒の学歴」だけあっても、キャリアにはそれほどプラスになりません。

　目の前の仕事をこなしているだけだと何となく不安で、「手に職を」と思って、資格取得や大学院入学を検討する気持ちはよくわかります。

　私もそうやって、20代の頃に資格をいくつも取りましたが、ほとんど時間のムダでした。国内MBAに通おうと思ってオープンキャンパスにも足を運びましたが、最終的に「あまり意味がなさそうだな」と判断して受験を見送りました。

　もちろん、何に時間を使うかは人それぞれの自由ですが、意味のあること・ないことをきちんと見極めないと、自分が損をしてしまうので気をつけてください。

14 最強かつ万能の「ポータブルスキル」とは？

　では、ビジネスパーソンとして強くなるためには、何を勉強すればいいのか？

　ほとんどの資格にはあまり意味がありませんし、どんなスキルを身につければ役に立つのかは人それぞれ、その仕事によって全然ちがいます。

　ただし、これだけは最強かつ万能だと言える「ポータブルスキル」が、一つだけあります。

　英語です。

　英語ができて困るということは、ほぼあり得ませんし、どの業界でどんな仕事をするにしても、英語が話せないよりは話せた方が絶対に良いに決まっています。「ポータブル」という意味では、英語の右に出るスキルはありません。

　英語が話せるというだけで、仕事の選択肢も一気に広がります。同じ内容の仕事でも、英語ができるかどうかで年収は相当変わります。英語を不自由なく使いこなせる人なら、年収1,000万円稼ぐのは余裕だと思います。もちろん、もっともっと稼げる人もたくさんいます。

　「AIや翻訳ソフトの発達により、英語スキルはもう身につける必要がない」と主張する人もいます。しかし、それは、「自動運転の技術が実現するから、もう運転免許は要らない」と言っているのと同じです。

自動運転の話は20年以上前からありますが、まだこの先10年20年は普及しないと思われます。仮に技術が完成したとしても、導入は都心の一部などからで、日本全国各地で運転が一切要らなくなるのは、ずっとずっと先です。生きている間に実現しない可能性も十分にあります。待っている時間がムダです。

　確かに、DeepLやChatGPTなどの日英・英日翻訳の精度は目を見張るものがありますが、それを使えるのはあくまでメールや文書作成などのテキストベースです。商談や会議などでは使い物になりません。

　仮に将来、リアルタイム翻訳をしてくれるヘッドセットなどが登場したとしても、「あ、こんにちは。まず、このヘッドセットをつけてもらえますか？　では始めましょう。マイクテストマイクテスト、聞こえますか？　えー、初めまして。田中と申します」などという余計な手間が必要な人と、一体誰が一緒に仕事をしたいというのでしょうか？　そもそも、海外ビジネスの場では英語を話せるのは当たり前なので、そんなツールに頼らないと英語さえ使えない人は、到底信頼してもらえません。

　ちなみに、私のオススメの英語教材は**『英語耳』（KADOKAWA）**という本です。約20年間もベストセラーになっている、まさに名著です。私も20歳までは日本語しか話せませんでしたが、『英語耳』でコツコツ勉強を続けて、その後の海外留学・海外駐在・外資系転職を実現させることができました。

**　英語習得は、非常に厳しい道のりです。英語にショートカットはありません。しかし、英語を身につけること自体が、ビジネスパーソンとして強くなるための「最強のショートカット」だと私は考えます。**
　一度身につけてしまえば、たかが英語くらいそれほど大したことではないので、さっさと身につけてしまうのが吉です。

15 AIに仕事を奪われる人・奪われない人

　2022年11月に公開されたChatGPTは、世界中に衝撃を与えました。リリース後わずか2ヶ月でユーザー数1億人を突破し、開発元であるOpenAI社に対してMicrosoftが100億ドルを投資すると報じられるなど、注目を集めています。2023年3月にはより高性能な「GPT-4」が発表され、ChatGPT Plusに課金したユーザーが利用できるようになりました。

　ChatGPTの登場によって、過去ずっと言われていた「AIに仕事を奪われる」という言説が、一気に現実味を帯びてきました。

　例えば、複雑な長文文章を中学生でも理解できるように要約してまとめたり、文章の誤字脱字をレビューしたり、ビジネスメールの返信文面を自動生成したりと、作業の効率化・高度化という意味では、過去に例を見ない驚愕的なパフォーマンスを発揮しています。しかも、この短期間に、急速に進化を続けています。この本が出版される頃には、さらに次の段階へ進化しているかもしれません。

　実は、本書のタイトル**『正しいキャリアの選び方 会社に縛られず「生き残る人材」になる100のルール』**も、ChatGPTを使って作ったものです。

　もちろん、「はい、作って」と言って、3分クッキングみたいにササッと作ったわけではないのですが、自分で書籍のコンセプトを考えた後、ChatGPTに「タイトル・サブタイトルの案を20個出して」と指示を出し、「あと20個、別のパターンで出して」、「あと20個出して」、「もっとキャッチーなワードを入れて、さらに20個出して」などと試行錯誤をして出て

きた中から良いものを絞り込み、再度自分で微修正や語句の入れ替えなどをした末に、出版社の編集担当さんとの議論の末に完成しています。ちなみに、ChatGPTが作ったものを直接使っているわけではなく、制作途中でのヒントや案をもらうだけなので、著作権の問題などは生じません。

　今後、作家や書籍編集者の仕事がなくなるわけでは決してないですが、**より短時間でクオリティの高いものを作るためにChatGPTは確実に寄与すると思います。** その過程で一部、いままで30時間かかっていた仕事が10分でできるようになる可能性はありますし、結果として、その30時間ほどの労働は消失します。もちろん、出版・執筆関連だけでなく、あらゆる業界・分野で同様の変化は起こります。

❶ AIに仕事を奪われそうな人の特徴

　今後、どのような人がAIに仕事を奪われ、どのような人が奪われずに済むのでしょうか?

　もちろん、確実なことは誰にもわかりません。OpenAI社のサム・アルトマンCEOにさえもまったく想像もつかないでしょう。そのくらい、完全に未知の世界です。

　一方、ある程度の確証を持って言えそうな内容は、現時点でChatGPTの実物を一度も触ったことのない人は、将来AIに仕事を奪われてしまう可能性があるということです。

　AIがどの程度、直接的に人間の仕事を奪うかは未知数ですが、「AIを使いこなす人間」によって、「AIを使いこなせない人間」の仕事が奪われていくことは、ほぼ間違いないでしょう。

　ChatGPTは無料で誰でも使えますし、日本語で入力することもできます。有料プランでもたったの月額20ドルです。AIに仕事を奪われないだろうか…と少しでも不安に思う人は、まずChatGPTなどのAIツールを実際に試してみるのが、生き残りのための第一歩になると思います。

16 コンフォートゾーンから出るな。そこにいろ。

「コンフォートゾーンから抜け出そう」と主張する人は多いです。

コンフォートゾーンとは、英単語の意味の通り、「居心地の良い場所」を指しています。居心地の良い場所に長く留まっていると成長は止まるので、コンフォートゾーンをあえて抜け出して苦労をするのが大事だ、といった言説です。人間は怠惰な生き物で、ほとんどの人は自分で意識しない限り、楽な方、楽な方へと進んでいってしまうため、あえてブレーキをかけて、**苦難の道を選ぶことで次なる成長を得られる**という話だと解釈できます。

この議論、なんとなく言いたいことはわかる気がするものの、あまり深く腹落ちしません。「居心地の良い場所を抜けて、あえて辛い経験をしよう」というのは、「辛くて嫌な思いをすれば成長できる」という前提に立っているように思います。しかし、実際には、辛い思いをしたからといって成長しているとは限りません。

コンフォートゾーンを抜け出そうという論調って、なんだか、日々辛い思いをして無理して頑張るのを美徳とする、体育会系精神論の匂いがプンプンします。

「親から厳しく言われて嫌々勉強をする子どもより、自ら勉強を楽しんでいる子どもの方が成績は良い」というのは、よく言われる有名な話です。後者の子どもは、果たしてコンフォートゾーンを抜け出しているのでしょうか？

難しい問題をスラスラ解けるようになることや、周りから褒められるのが**「快感だから」**やっているのに過ぎず、自分の意思で「こんなんじゃダメだ！　コンフォートゾーンを出なければ！」などと考えているわけではない気がします。

　毎日トレーニングに励むアスリートは、本心ではお菓子をたらふく食べたい、筋トレなんてしないで家で寝ていたいと思っているのでしょうか？

　お菓子を食べるより、理想の身体づくりのほうが「自分のやりたいこと」だから頑張っているだけで、あえて辛い道を選んでいるわけではないですよね？　やりたいことをやっているわけだし、仕上がった自分の身体を見るのが**「快感だから」**やっているのでしょう。

　いずれの例も、居心地の良い場所から無理して抜け出そうとしているというよりも、**日々の努力の過程や、成長した自分を見たときの達成感も含めて「居心地が良い」**という理解の方が正しいです。つまり、この人たちはコンフォートゾーンの中にいます。

❗ コンフォートゾーンは「悪」ではない

コンフォートゾーンから抜け出す必要なんて、初めからないのです。

　自分に向いている「適性のある努力」って、その努力さえも苦痛だと思わないので、ストイックに頑張っても辛い気持ちにはならないのです。途中で多少辛いと感じていたとしても、後でやってくる達成感や充実感の方が勝つので、トータルでは楽しいと思えます。重い腰を上げて頑張って抜け出さないといけないという時点で、「コンフォートゾーンの外」には、あまり希望はありません。努力を「辛い」「やりたくない」と思ってしまう時点で、その対象は、自分にとって「向いていないこと」だからです。

　コンフォートゾーンから出る必要はありません。努力が苦にならない「理想のコンフォートゾーン」のど真ん中にドンと構えて、そこから出ない方が、自分の強みはより深く強力なものになっていきます。

17 「会社の看板抜きの自分」の価値は何か

　個人のキャリアを考えるうえで、最も大事なのは**「会社の看板抜きの自分」に一体どんな価値があるのか?**ということです。

　ほとんどの人は「会社の看板ありき」で仕事をしています。その会社の人だからこそ、取引先は商談に応じてくれますし、その会社に所属しているからこそ、自社の商材を作って売ることができます。会社というリソースを抜きにしたら、個人で同じようにお金を稼ぐことはできない人がほとんどです。

　最初はそれで構いません。みんな、その状態からのスタートです。会社の名刺を出さなければ、自分個人に対して取引先が時間を割いてくれることも、仕事を請け負ったり依頼したりしてくれることもないでしょう。個人に対する「信用」と、会社に長年にわたって蓄積されてきた「信用」は、桁違いだからです。

　しかし、10年、15年とキャリアを積んでいくと、会社名ではなく、個人名が意味を持つようになります。

> ▶ A社で10年以上の営業経験を積み、マネージャーを務める佐藤さん

> ▶ B社で5年、C社で7年の経験を積み、デザイナーとして独立した鈴木さん

> ▶ D社の大型プロジェクトを成功させ、E社に引き抜かれ経営企画室長となった高橋さん

「Ａ社の佐藤さん」「Ｂ社の鈴木さん」といった会社名に依存する経歴ではなく、逆に、「Ａ社」「Ｂ社」といった看板が個人を彩るアクセサリーになり、キャリアの主体は自分自身になります。

Ａ社の人だから信頼できるのではなく、Ａ社で１０年間実績を積んだ佐藤さんだから信頼できる、ということです。これは似ているようで、実は全然ちがう話です。

「Ａ社の人だから信頼できる」という場合、Ａ社を辞めた途端に、その人とは誰も取引をしてくれなくなります。一方、「Ａ社で１０年間実績を積んだ佐藤さん」が信用の対象であれば、佐藤さんはその後、Ｂ社に転職しても、Ｃ社に転職しても、フリーランスになったとしても、一定の信用を得てビジネスを創造できる可能性があります。

❶ 会社の看板を、自分の武器に変える

よく、「会社の看板抜き」で個人として稼げるようになれ、というアドバイスがありますが、さすがに「佐藤さん」「鈴木さん」という個人の名前だけで、フリーランスや起業家として生きていける人は少数派でしょう。しかし、例えば、「あのデザイナーの鈴木さん、Ｂ社とＣ社で経験豊富らしいから、一度トライアルで発注してみようか？」「Ｅ社に新しく入った高橋さん、ちょっと前までＤ社であのプロジェクトを担当していたらしい。すごい人なんだな」などと、過去の仕事の実績が自分の信用になり、過去に在籍していた会社名が自分の名刺代わりになることもあります。

会社の看板を一時的に借りているのではなく、辞めた後も、その看板が自分のものになっているということです。自分個人の看板に、会社のブランド力・信用力が、能力の根拠として上乗せされていると考えてもいいです。

このように、会社の看板を自分のものとして吸収するのが、「看板抜き」で生き残っていくための現実的な道になるでしょう。

18 「市場価値」の正体

　転職・キャリアのマーケットでは、「市場価値を上げよう」「市場価値を高めることによって、どこに行っても通用する人材になろう」などと言われるようになって久しいです。

　ただ、「市場価値」って一体何でしょう？　そんな目に見えない価値、どこにあると言うのでしょう？　本当に実在しているのでしょうか？

　端的にいうと、「市場価値」とは、「年収」のことです。
　年収が高い人こそ「市場価値」が高く、年収の低い人の「市場価値」は低いです。

❶ 年収以外に、市場価値を測る手段がない

　この主張には賛否両論ありそうですが、「市場価値」の定義なんて世界統一基準があるわけでもないのだから、意見は人それぞれです。どこにも正しい定義は存在しません。

　もちろん、「年収」だけで人材の価値が決まるだなんて、私もまったく思っていません。「年収」と「市場価値」は、必ずしも比例はしません。
　しかし、市場における価値と需要の大きさを検討する際に、「年収」以上に信頼性の高い指標がどこにもないので、結果的に、市場価値の高い低いは「年収」で見るのが一番妥当という話になります。

「あの人は業界で引く手あまたの、超一流の技術を持つ人材だ。実績も十分だ。ただし、年収はめちゃくちゃ低い」と言われても、まったく説得力がないですよね。

「あの人の持っている経験は稀少で、日本国内では指折りの実力者だ。ただ、あの人に年収400万円以上出す会社は存在しない」と言われたら、それってつまり価値が低いということでは…と思いますよね。

人材としての価値が高ければ、年収は上がるはずです。 少なくとも、転職したタイミング、独立したタイミングでどのくらいの値がつくかで、どの程度世間から評価されている人・どの程度社会から必要とされている人なのかは判別できます。

そして、この話の本題は、**自分という人材をマーケットに売りに出さない限り、「市場価値」は更新されない**ということです。

大企業に新卒入社して25年、年功序列で昇進して高所得者になったものの、一度も転職していないので「値札がつく」タイミングがなく、いざ転職市場に出たときにどう評価されるのかわからない、という人もいるでしょう。

今まで年収400万円しか稼げなかったが、転職活動をした結果、思いがけず年収800万円の内定オファーが出たという人もいるはずです。

私自身も、もし一度も転職をしていなければ、新卒入社した会社の給与水準的に、今頃は年収700万円程度に過ぎなかったでしょう。実際には、その何倍も稼げています。自分という人材を市場に売りに出して、何社にも競わせて値段を釣り上げたからです。

「市場価値」の正体は、「年収」です。
そして、それは自分次第で高く売ることも、低く売ることもできます。

19 「やりがい」と「給料」のどちらを取るべきか

仕事選びの際、多くの人が考えるのが「やりがい」と「給料」のどちらを取るべきか？という問題です。

私は普段、X（旧Twitter）で、フォロワーやブログ読者の方々の質問に答えたり、キャリア相談に乗ったりしているのですが、結構こういう「やりがい」関連の内容は多いです。

「やりがい」と「給料」、二者択一であればどちらを取るべきなのか？あえて言えば、「給料」です。

もちろん、実際には、「やりがい」と「給料」はトレードオフではないので、どちらも両立すればいいだけですが、そうは言っても現実として同時に何もかもは手に入らないので、どちらかと言えばどちらを優先した方が良いのか？という悩みはあることでしょう。

「給料」です。間違いないです。

別に、「お金がすべてだ」と言っているわけではありません。もっと現実的な話です。例えば……

- ▶ **転職先Ａ：年収600万円 ⇒ 700万円に上がるけど、仕事が楽しめるかどうかはわからない**
- ▶ **転職先Ｂ：年収600万円 ⇒ 500万円に下がるけど、仕事のやりがいはありそう**

この二択であれば、選ぶべきはＡです。

なぜかと言えば、**「年収」の変化は確定している事実である一方、「やりがい」があるかどうかは、実際に働いてみないとよくわからないから**です。

「やりがい」って結構フワフワしたもので、日々の仕事に「やりがい」を感じられるかどうかは、仕事の内容だけで決まるわけではありません。また、実際にやってみないと実感できない部分も多く、一定期間働いた後でないと、その仕事が気に入るかどうかは正確には判断できません。

仮に、仕事自体に「やりがい」があっても、上司との相性が悪ければ結局楽しくないかもしれません。業務内容的に「やりがい」が感じられなかったとしても、環境と同僚に恵まれていれば、十分に楽しいと思えるかもしれません。それは、働いてみないと、事前にはなかなかわかりません。

そもそもの前提として、**「やりがい」のある仕事かどうかは、入社前には見分けられない**ということです。現職の仕事に強いやりがいを感じていて、その仕事を捨てて年収アップを狙うべきかどうか？という話なら、ある程度悩む価値はありそうですが、まだ入社してもいない会社の仕事について、「やりがい」を考慮するのは、ほぼ時間と労力のムダだと言えます。

考えても仕方がないので、判断できずに迷うくらいなら、「給料」を確実に取った方が良いです。

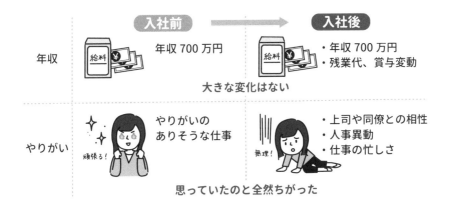

20 ｜ キャリア選択の2つのタブー

　キャリアの選択は、いつだって難しいものです。

　そして、その選択が「正解」だったのか、「不正解」だったのかは、後々になっても、はっきりとはわかりません。

　過去を振り返って、「あのときのあの決断は正しかった」と思うこともあるでしょう。しかし、その少し後には、「いや、やっぱり他の道を選んでおけばよかったのでは…」と再度悩んでしまうこともあります。こればっかりは、明確に答えは出ないですし、自分自身の考え方次第でもあります。

　ただし、その選択が「正解」であれ、「不正解」であれ、キャリアを考える際に、**絶対にやってはいけないことが2つだけあります**。この2つ以外なら何をしても個人の自由だと思いますが、これらだけはタブーです。

> ▶ **自分で選択をせず、意思決定を他人にゆだねること**
> ▶ **自分が選んだ道を正解にすること**

　キャリアのほとんどは、「選択」で決まります。常に100%正しい道を選べる人はいません。失敗することもあります。間違うこともあります。

　しかし、絶対にやってはならないのが**意思決定を他人にゆだねること**です。

- ▶ 両親が「公務員は安心だから」と強く勧めるので、それに従って公務員になる
- ▶ 周りの同僚が誰も転職していないので、自分も同じく転職はしない
- ▶ SNSでインフルエンサーが勧めていた「稼げる副業」に飛びつく

これらは、間違いなく、**「正しくない」キャリアの選び方**だと言い切れます。人それぞれの人生やキャリアの選択としてたどり着いた道に、明確な「正解」「不正解」はありませんが、**選び方としての「不正解」**は存在します。それが、どんな選択をすべきか自分で考えずに他人に考えてもらうことです。

もう一つのタブーが、**自分が選んだ道を正解にすること**です。

これは、一見ポジティブな内容に見えますが、実際には、自分を苦しめる鎖になってしまいます。

- ▶ 日々の仕事に苦痛を感じているが、「もう入社してしまったから…」と我慢を続ける
- ▶ 職場に対して違和感があるのに、「いや、この選択は正しいんだ」と自分に無理に言い聞かせる

選んだ道が「不正解」だったと薄々感じているのに、自分に嘘をついても良いことはないです。**時には、「あの選択は間違いだった」と素直に認めて、割り切って次に進む勇気も必要です。**そこから学ぶこともあります。

思考停止で周りに流されるがままキャリアを積んだり、明確な理由もなく「消去法」で道を選んだりすると、きっと後悔することになります。

どんな選択をしても構いません。個人の自由です。ただし、ここで挙げた2つのタブーだけは冒さないよう、くれぐれも注意してください。

お前のキャリアは、もう死んでいる。

　私が新卒で入社した日系大手企業の、同期の一人の話だ。
　彼は、入社してすぐに子会社に出向したまま、もうすぐ15年が経つ。

　15年ずっとだ。一度も、親会社で働いたことがない。
　大学を卒業後、大手企業本社所属の総合職として入社したはずだったのに、入社1年目から出向。その出向先子会社の中で何度か人事異動を経験してはいるものの、元の親会社に戻される気配は一向にない。

　そのまま、5年が過ぎ、10年が過ぎ、ついに15年目を迎えようとしたとき、彼はようやく気がついた。
　もう、戻れないんじゃないかって。
　子会社出向は、片道切符だったのではないかって。

　上司に何度希望を言っても、親会社に戻すという話は出てこない。そもそも、今の上司は親会社から最近出向で来た人だし、前の上司も、その前の上司も、同じように出向で来て3年くらいで本社に帰っていった。
　子会社に15年もいるのは、もう周りでは、彼だけだ。
　若手の頃は「出向組」が何人かいたはずだが、みんな数年で出向の任を解かれ、元の親会社所属に戻った。後輩たちもみんな戻った。最後に残ったのは彼だけだ。

　気づくのが遅かったのだ。
　もともと、彼は「子会社出向要員」として採用されていたことに。最初から、「子会社の人」として雇われていたことに。知らないのは当然だ。そんなことは誰も教えてはくれないのだから。
　しかし、気づくのが遅かった。ここまで、ずっと会社に流されて生きてきてしまった。もっと早く、疑問を持つべきだったのだ。
　彼の名刺に書かれているのは、大手有名企業の社名ではない。子会社の名前だ。彼の職務経歴書に書かれているのは、「市場価値」の高い大手の業務経験ではない。ほとんど中小企業同然の、子会社の現場の経験だ。同期は海外駐在に旅立ったり、本社で管理職になったりしている。彼は、15年間ずっと、子会社の地方営業担当のままだ。

　一体なぜこんなことに…。そう思う頃には、もう遅い。
　転職エージェントのあからさまに冷たい態度が、物語っている。
　「お前のキャリアは、もう死んでいる」と。

第2章

配属のルール

本書冒頭のチャート診断結果 ＝ Ｂ：バランス重視タイプのあなたは、仕事の中で何かしら叶えたい目標があるものの、自分個人のこれまでの経験や保有スキルにはそれほど強い自信がなく、できればリスクを取らずに挑戦をしたいと考えています。この場合、最適な選択肢は、社内の人事異動でやりたいことを実現する道です。決して難易度が低いとは言えませんが、転職や副業と比べると相対的にローリスク、ローコストで取り組むことができるため、キャリアを良い方向へ変えていくための第一歩としては有効なはずです。

21 きちんと「経験値」を 貯めよう

　ドラゴンクエストという名作RPGゲームがあります。最初はみんな「レベル1」ですが、敵を倒して少しずつ経験値を貯めると、レベルアップして強くなり、もっと強い敵と戦えるようになります。逆に、もう「レベル20」になったのに、最弱の敵・スライムといつまでも戦っていても、レベルは上がりません。

　ゲームの中であれば、経験値が数値化されているので「こんなことをしてもムダだな」とわかりやすいのですが、現実世界だと、**「経験値が低い敵といつまでも戦っていて、まったく成長できない」**ことに気づかない人もいます。

　例えば、就職して「君は若手社員だからSNSなどに詳しいだろう」と、X（旧Twitter）の企業アカウントや広報ブログの運用を担当業務として任されたとします。なんだか今どきっぽい仕事ですし、デジタルマーケティング・SNS運用の担当者といえば、ちょっとキラキラした響きです。

　しかし、企業の公式SNSなんて、ほとんどの人はあまり興味がありません。毎日SNSの投稿をしても、「7いいね」くらいしかつかない、せっかく時間をかけて作ったページの月間PV（ページビュー数）が数百しかない、YouTube動画を制作して公開したけれど再生回数が100回程度で、おそらく関係者しか見ていない、などの状況は往々にしてあります。

　このとき、センスのない人は「100日連続SNSで投稿したぞ」「今月は4本も動画を公開したぞ」と、自分がやったことに対して満足して、仕事をした気になってしまいます。

会社員の仕事って結構ぶっ壊れているので、こういうケースは意外なほどたくさんあります。

一方、まともなビジネスセンスのある人であれば、「なぜ再生回数が伸びないのか？」「もっとブログ記事を読んでもらうためには何をすればいいのか」「そもそも、この記事を公開する目的は何で、どのくらいのPVがあれば成功と言えるのか」などをきちんと考えるはずです。

きちんとPDCAを回して、業務を改善して成果を出すということです。
これらは至極当たり前の話なのですが、ほとんどの会社はかなり適当に運営されているので、意外なほど実態はお粗末です。嘘だと思ったら調べてみてください。企業の公式SNSや公式YouTubeチャンネルは、ほとんどが失敗しています。

❶ 経験値が貯まらない仕事をするくらいなら、異動などを考えよう

きちんと経験値が貯まる仕事のやり方をしないと、その業務を何年続けても、自分のレベルは大して上がりません。経験値を貯めて、より難易度の高い仕事に挑戦したり、過去に30時間かかっていた仕事を3時間でできるようになったりするからこそ、経験年数を積めば積むほど、仕事が楽になるのです。そうでなければ、ずっと安い時給で働くような単純作業の繰り返しになってしまいます。

現実として、世の中には、まったく経験値が貯まらないけれど上司の命令だから仕方なくやらないといけない仕事も存在します。

こういう仕事の担当を何年も続けていると、自分のキャリアがどんどん弱くなっていってしまいます。

手遅れになる前に、社内異動や担当変更の希望を出すなど、別の道を探し始めた方が良いです。

22 20代で得た経験値で、キャリアの半分以上は決まってしまう

あらゆる人のあらゆるキャリアは、20代〜アラサーくらいの時期までに何をするかで、ほとんどが決まってしまいます。

もちろん、30代半ば以降は挑戦できないと言っているわけではありません。挑戦は何歳からでもできますし、挑戦するのはその人の自由です。ただし、その挑戦の可能性の幅や、成功率などは、30代、40代と年齢を重ねるごとに明らかに不利になっていくため、どうせ挑戦するなら20代から仕掛けておいた方が絶対に有利です。

よく、**「カーネル・サンダースは65歳からの挑戦でケンタッキーフライドチキンを創業した。挑戦するのに年齢は関係ない」** などという引用を見ますが、私はこういう綺麗ごとはあまり好きではありません。実際、65歳から未経験の仕事に挑戦して成功する人はごく少数です。ほとんどの成功者は、20代のうちから将来を見据えて、着々とキャリアを積み重ねています。後からでも遅くない、なんて思わず、今やりましょう。

❗ ファーストキャリアでの実績は、後々まで響く

特に、新卒入社した会社のファーストキャリアでどんな仕事を経験するかは、非常に大事です。

例えば、20代は金融業界で投資や財務関連の仕事をしていたのに、30代からは製造業で設計やデザインの仕事がしたいと言っても、転職先では「未経験者」「初心者」扱いになり、年収が半分になってしまいます。製造業の会社側も「30代の完全未経験者」を採用するよりは、「少しでも経験のある人」か、もしくは、どうせ未経験なら「新卒の新入社員」を採用し

たいでしょう。競合となる相手に対して、あまりにも不利です。

　逆に、自分が過去に経験を積んできた金融業界であれば、転職先もスムーズに見つかり、年収も余裕でキープできます。

　こうなると、ほとんどの人は、過去の経歴と関連した仕事を続ける方が現実的だという判断になります。

　20代からアラサーまでの10年程度、前向きにキャリアを積み上げることができれば、その後の働き方は、一気に楽になっていきます。転職も、副業も、起業も、過去の経験を活かす形ならスムーズに行きやすいですし、過去に身につけたスキルを使っての挑戦であれば成功率は高く、それほど怖くはありません。キャリアを足し算・掛け算にして積み上げられる人は、30代、40代と年齢を重ねれば重ねるほど、何をやっても成功しやすくなりますし、お金も簡単に稼げるようになります。

　キャリアの方向性を変えるターニングポイントも時にはやってくるものだと思いますが、それは、**ゲームでいうところの「最初から始める」ではなく、「強くてニューゲーム」であるべき**です。

　この意味で、一番ヤバいのは、**会社の人事都合や配属ガチャで、自分が本当は望んでいないキャリアを歩んだまま、何年も時間をムダにしてしまうこと**です。

　最初の2年か3年くらいならまだしも、配属ガチャの犠牲になって不本意な仕事を続けたまま30歳を過ぎてしまうと、その「過去」に、自分の「未来」が徐々に縛られていきます。この状態になる前に、早め早めに社内異動などを検討した方が良いでしょう。

23 転職を考えるより先に、異動の希望を出す

　私が過去に書いた3冊の本は、すべて「転職」に関する内容です。

　初めての転職の心得や、転職面接の対策方法などについて、書籍の出版をしてきました。普段のSNSでの発信も、転職活動関連のものが大部分を占めます。それでも、すべての人に転職を勧めたいと思うかというと、決してそうではありません。

　転職にはリスクがありますし、やはり勇気が要るものです。その勇気をなんとか振り絞らないといけないタイミングもありますが、必ずしも、すべての人にそのタイミングが来るとは限りません。

　リスクを取る必要がない状態なのに、無闇やたらと犠牲を払って賭けに出ても、あまり意味はないです。直近の自分に必要なのは転職なのか、それとも、**社内の人事異動**なのかという判断は冷静にすべきです。

　なぜかというと、**多くのキャリアの悩みは、実は社内の人事異動で十分解決できる**からです。

- ▶ 上司との相性や、同僚との人間関係にストレスを感じている
- ▶ 現在の勤務地が希望しているものとちがい、他の場所に住みたい
- ▶ 現在の職種とは別に、挑戦してみたい業務内容がある

　このようなキャリアの希望であれば、必ずしも転職を第一に考える必要はありません。会社を辞めずに、別の部署に移るという方法でも、十分に

やりたいことは達成可能です。

　逆に、同じ会社の中での人事異動だけでは解決できない問題も、一部あります。

- ▶ **金融業界からIT業界に転向したい**
- ▶ **もっと規模の小さい会社でスピード感ある仕事をしてみたい**
- ▶ **副業禁止の会社なので、副業可の会社に移りたい**
- ▶ **現職の会社ではすでに廃止されてしまったリモートワークの仕事に戻りたい**

　このような悩みを解決するためには、やはり、異動よりも転職という手段の方が現実的かもしれません。

❶ 人事異動なら、失敗してもダメージは少なめ

　重要なのは、現在自分が個人的に抱えている課題を解決するために、最も有効で現実的な手段は何なのかをきちんと見極めることです。

　もしかしたら、それは転職でも異動でもないかもしれません。転職によって解決したいと思っていた課題は、実は、人事異動の方がスムーズに解決できるものかもしれません。思い込みで決めつけずに、柔軟な解決ルートを探ると良いです。

　特に、人事異動の場合は、仮に次の職場で想定外の事態が発生して「こんなはずじゃなかった」と思っても、転職など他の手段を取った場合と比べるとダメージが小さいです。運が良ければ、元の職場に戻れる可能性もあります。一度検討してみても、損はないでしょう。

24 人事異動は キャリアチェンジの正攻法

　人事異動の最大のメリットは、キャリアチェンジを実現しやすい点です。

- ▶ 過去3年間、営業事務をやっていたが、マーケティングの仕事に移りたい
- ▶ 新卒入社からずっと経理の仕事をしているが、スタッフ部門ではなく販売部門に移りたい
- ▶ 過去には生産管理業務の実務経験しかないが、個人的に興味のある知的財産部に移りたい

　このような「職種を変える」希望を持っている場合、その実現手段として、転職よりは人事異動の方が圧倒的にハードルは低いです。もちろん、異動希望を通すのも決して簡単ではないでしょうが、転職と比べたら、はるかに実現性が高いはずです。

　「未経験分野に挑戦したい」「今の仕事は合っていないから職種を変えたい」と言って、転職活動を始める人は多いですが、そのほとんどは実現できずに挫折します。あるいは、職種変更ができたとしても、その代わりに年収を大幅に下げたり、他の条件をあきらめたり、という結果になってしまいます。

　当然ですよね。「営業経験3年、マーケティング経験ゼロ」という人材を、マーケティング職として意欲的に採用したい会社はほとんどありません。あったとしても、見つけるのは相当難しいです。

このとき、仮に「営業経験3年、マーケティング経験ゼロ」という人材であっても、**社内の人事異動**であれば、マーケティング部門に移れる可能性は十分にあります。職種経験がなかったとしても、ブランドや商材については熟知していますし、同じ会社の中の話であれば、過去の営業経験や、営業部との人間的なつながりも、マーケティング部に異動後の仕事にダイレクトに活かせます。

　また、**意外と大きいのが、会社の社風に対するカルチャーフィットです。**

　中途採用における大きな課題が、「能力的には申し分ないのだが、会社のカルチャーに合わない」というケースです。会社の歴史が長く、規模が大きくなればなるほど、その企業独自の文化は日々の仕事を進めるうえで重要な要素になります。
　「堅実で安定志向、雰囲気も優しく温厚な社風」の会社で長く働いてきた人が、急に「ハードワークを是とする、野心と挑戦意欲にあふれた社風」の会社に転職してしまうと、いくら実務経験やスキルがあったとしても、すぐに職場の居心地が悪くなって早期離職につながってしまいます。

　社内異動であれば、少なくとも、**「会社の社風に馴染んだ人材である」「社内ルールやお作法、社内ツール等の使い方をすでに知っている」「希望通りの異動を叶えてあげる限りは、おそらく早期離職の可能性は低い」**と言えるので、会社側には「実務経験の不足」を補えるだけの大きなメリットがあります。

　職種変更などのキャリアチェンジの希望を叶えたい場合、「正攻法」は人事異動です。転職は、あくまで異動がダメだったときの第二の手段だと思っておいた方が良いでしょう。

25 社外よりも、社内を見よう

　私は今まで、世界有数の規模を誇る超巨大企業、社員数万人規模の日系大手企業、数百人規模の中小企業、30人以下のベンチャー規模の会社など、様々な職場で働いてきました。

　それぞれの会社の企業文化は大きく異なりましたし、社内の雰囲気もそれぞれちがっていました。

　一方で、転職を繰り返して学んだことの一つが、**「会社の本質って実はどこもそんなに変わらないな…」**ということです。

　どこの会社でも、**仕事に本気で情熱を注いで働いている社員はせいぜい全体の2割**くらいで、残りの8割の人たちは「お金のために働いているだけで仕事内容に愛着はない」「自分の担当範囲で大きな問題が起こらなければそれでいい」くらいの態度でした。

　成功している会社は情熱的な社員が多いのかというとそんなこともなく、むしろ大企業の方が、会社にぶら下がっているだけで無気力な人が多かったです。

　どこの会社でも、**本当に優秀な社員はほんの一握りで、大多数の社員は普通の人材**でした。

　これは会社の規模や、ビジネスの規模にはほとんど関係がなく、大企業だからといって優秀な人だけが集まっているわけでは決してなかったし、中小企業の中にも飛びぬけて優秀な人材は確かにいました。平均年収400万円の会社も、平均年収1,000万円以上の会社も、社員の能力は大差ないように感じました。

どこの会社でも、最も重要なのは社内政治でした。意思決定者をどうやって説得するか、権力者をいかに味方につけるかが、仕事のパフォーマンスを左右していました。結局、ビジネスが成功した・失敗したというのは数年後じゃないと評価できませんし、評価する人の目線によっても変わります。利益や売上への貢献ではなく、意思決定者のお気に召すかどうか、それだけが会社における絶対の正義でした。

　おそらく、会社としてある程度の仕組みができ上がり、社員数が一定に達すると、どこの会社もおおむね同じような傾向に帰結するのではないかと思います。少なくとも、あらゆる会社で共通する一定の特徴は確実にあります。

　もし例外があるとすれば、社員が3人しかいない家族経営の会社や、仲の良い友達同士で立ち上げた創業1年目のスタートアップなどです。こういった場合は、また話は別なのかもしれません。

　一部の例外を除くと、**会社員として働くことの本質**って、所属企業や所属部署に関わらず、どこにいてもほとんど同じです。「社員のレベルが低い」「ネチネチした社内政治が嫌だ」などの理由で転職を考える人もいますが、次の会社も、その次の会社も、実態はそれほど変わらないかもしれません。わざわざリスクを取って次の会社に行っても、また新しい不満が出てくるだけで、あまり解決方法にならないこともあります。

　転職をせずとも、人事異動で解決できることは、実は多々あります。
　「隣の青い芝」を追いかける前に、今の会社の中で異動を考えるのが、今後のキャリアにとって何かのきっかけになるかもしれません。

26 自分で主張しなければ、希望は叶わない

　原則として、会社は、社員一人一人のキャリアの希望をすべて叶えてはくれません。

　会社は、「社員の自己実現」のためではなく、「自社ビジネスの拡大」のために雇用をしているので、社員一人一人の希望など、優先順位としては二の次、三の次です。

　たまたま結果的に希望が叶うこともありますし、「彼には期待しているから希望通りの配属にしてあげよう」などの取り計らいがある場合もあるでしょうが、それは、全員に訪れる機会ではありません。

　当然ながら、社内には異動希望が叶う社員と、叶わない社員の両方がいます。この差を生むのは、「運」だったり、「タイミング」だったり、「コネ」だったり、「好感度」だったりします。

　ただ、それ以前の問題で「主張が弱い」という可能性も往々にしてあります。

　はっきり言ってしまうと、会社員の8割くらいは仕事に対してやる気や情熱を持っていません。いわゆる「パレートの法則」で、多くの組織は2割の働き者と残り8割の怠け者で成り立っています。仕事を頑張っていてもサボっていても毎月の給料は変わらない、という会社が大多数なので、この状況は仕方がありません。

　しかし、状況は状況として、自分が「2割の働き者」に属する社員であり、やる気と情熱があって配属希望を出していることをきちんとアピールできていないと、人事の希望はほぼ通りません。

人事評価シートなどの「今後の希望」欄に、「〇〇部への異動を希望」などと書いて、人事面談で「異動したいです」などと上司に訴えただけで満足して、それ以上の行動を取ろうともしない人に、チャンスは降ってきません。

その程度の努力は、他の社員も同様にやっていることなので、人事部や上司から見ると、わざわざ他の人よりも優先してあげる理由が何一つありません。

❶ 全員の希望を叶えていたら、組織が回らない

社員一人一人、全員が何らかの希望を出しています。Aさんは東京オフィスに転勤したい。Bさんはデザイン部へ異動したい。Cさんは情報システム部から出て別の仕事をしたい。そういった社員一人一人の希望を全部叶えていたら、会社が回らなくなってしまいます。

当然、傾向としては、都心のキレイな本社ビル内にあるブランディングや広報、マーケティングなどといった人気部署・花形部署に希望が集中し、仕事が地味なスタッフ部門や、地方の何もない田舎にある工場、会社のメインビジネスではない零細部門などに希望を出す人は少ないので、全員の希望を叶えていたら人員配置がめちゃくちゃになります。

❶ 異動のための行動を本気で取り組んでいる人は少ない

上司や人事の意思決定者などに、自発的に働きかけ、「何をしたら異動させてもらえるか」を粘り強く聞いたり、「自分がなぜ異動を希望しているのか」という強い意思を伝えて直談判したり、といった努力をすることなしには、社内のほんの一部の「希望通りの配属になる人」の中には入れません。

逆に言うと、こういった異動を叶えるための努力を本気でやっている人は全体の中でそれほど多くはないので、自分自身の努力次第で、十分に勝算はあります。

27 異動の必要条件を明らかにする

　人事異動の希望を叶えるうえで重要なのは、**異動が成立するための条件を正しく把握すること**です。

　社内異動やジョブローテーションの主な目的は下記のようなものです。

- ▶ **次期幹部候補となる優秀な社員の育成**
- ▶ **社員個人の希望を叶えてモチベーションを維持する**
- ▶ **他部署で出た欠員など、必要人員の穴埋め**

　出世コースの優等生に多様な経験を積ませるために異動をさせることもあれば、同じ業務を何年もやっていると飽きるので定期的にメンバーを異動させて、心機一転モチベーションを維持させる、ということもあります。また、「Aさんが課長に昇進したため、課長代理のポジションが空いたのでBさんを異動させ、Bさんの後任には別の部署からCさんを異動させ、Cさんの後任には新人のDさんを…」といった、社内で空いたポジションを上手く埋めるためのパズルのような「玉突き人事」も実際に多いはずです。

　もちろん、これらはあくまで代表的なものであって、その他にも職種によって、「財務部は人間関係での癒着を防ぐために2年に一度は配置換えをする」、「商品企画部は同じ担当者だと毎回似たような傾向の製品案になってしまうのでプロジェクト単位で担当変更を行う」など、様々な細かい理由はあるでしょう。

❶ 効果的な行動を見極める

　このような事情を踏まえて、今から何をすれば異動希望が叶いそうか、丁寧にリサーチをして、必要な行動をとること、それを意思決定者に適切にアピールすることが重要です。

> ▶ 現在、自分が社内で狙っているポジションに必要とされているのは、どのような人材か？
>
> ▶ 具体的なスキルセットや資格として、どんな能力が必要な仕事なのか？
>
> ▶ 過去にそのポジションに就いているのは、どんなタイプの社員だったか？
>
> ▶ そのポジションは、数年以内に空きが出そうな気配があるか？

　例えば、「海外ビジネスを担当する部署に異動したい」などの希望であれば、英語が必要な可能性が高いので、「普段から英語を勉強して業務で使おうとしている」という上司へのアピールが重要になります。あるいは、TOEICの点数を上げて人事部に提出するのも良いでしょう。

　場合によっては、「近年拡大中の中国ビジネスの担当者が足りておらず、中国語ができる社員を増員したいらしい」という情報を得て、異動するために中国語の勉強を始める、といった手段も考えられます。

　知的財産部に異動したいのであれば、知的財産管理技能士の国家資格を取る、経理部に異動したいのであれば簿記検定を取る、などの手段が現実的になるでしょう。資格取得は、転職活動の際にはほとんど役に立ちませんが、社内異動であれば、努力をアピールする良い材料になります。

　会社の組織作りや人事は、所詮は人間が決めているものです。熱意が人を動かすことも多いので、こういった努力は、たとえ小さなものであっても決してバカにはできません。

28 好奇心のない人に、機会は訪れない

　人事異動の話をしていると、**「新卒1年目ですが、今の部署は自分に合っ**
ていないので、異動か転職を考えています」「今の仕事を続けていても成
長できないので、一刻も早く他の部署に異動させてほしいです」などと言
い出す人がいます。さすがに、この行動は極端です。

　どんな仕事であれ、最低限1年程度はやってみないと、本当に自分に合
うのか、合わないのかは判断ができません。最初はつまらない、やりがい
がないと思っていた仕事も、一定期間続けるうちに徐々に好きになってき
て、達成感や喜びを感じられるようになることもあります。

❶ ネガティブ思考の人の希望は決して叶わない

　「この仕事は自分が希望したものではない」「こんな仕事を続けていても
自分のキャリアにプラスにならない」という姿勢は、社内の上司や人事部
からは非常にネガティブに見え、異動希望を叶える・叶えない以前に、「こ
の人はやる気がない」という低評価につながってしまいます。

　私自身も、振り返ってみると、今までの会社員人生の中で希望通りの人
事異動を叶えられたのは、現職の仕事の成果を認められて、上司の推薦を
受けることができたとき、そして、異動先の上司や幹部社員から「彼は期
待できそうだ」と能力を評価されたときでした。

　つまり、現職の仕事の中での評価が高く、人材として認められていない
と、どんなに希望を訴えても異動は叶わない可能性が高いのです。

自分のキャリアにとって意味がなさそうな仕事、価値がないと思ってしまう仕事は、たしかに存在するでしょう。しかし、優秀な人なら、そんな意味のない仕事からも何かを学んで自分の糧にするものです。一見ムダな仕事も、自分次第で価値を見出すことはできます。逆に、どんな状況下でも何かを吸収しようとする「好奇心」を持っている人は、周りからも高く評価され、その後の人事で希望を通すのもスムーズになります。

　「配属ガチャに負けて、変な部署に飛ばされてしまった…」と腐ってしまうことなく、とりあえず、今の部署でできることをやって、上司や同僚から認められるようになりましょう。やる気がなく、仕事をサボっているような社員に対しては、さすがに、誰も希望を叶えてあげようと動いてはくれません。

　異動を叶えたいからこそ、今の部署の仕事をある程度は頑張る必要があるということです。

29 経験を重ねるごとに、仕事はどんどん楽しくなっていく

　会社員として経験を積み、その経験を活かして働くことができれば、**20代より30代、30代より40代の方が、日々の仕事を進めるのがどんどん楽になっていきます**。持っている知見を活かしてアイディアを出したり、チームを引っ張ったり、自由にやり方を決めることもできるようになるので、より仕事を楽しむこともできるようになります。

　私自身、アラフォー世代になって染み染みと思います。20代の頃よりもずっと仕事のストレスが少なく、今の方がはるかに楽しいと。一方で、30代になっても40代になっても仕事が永遠に楽にならない、ずっと辛いという人も、世の中にはいるでしょう。

　結局のところ、年齢を重ねてパワーアップしていく人と、年齢を重ねるごとに疲弊していく人との差は、過去の経験が蓄積として積み上がっているかどうかです。

❗ 一貫性のあるキャリアは、経験として積み上がっていく

　私も20代の頃は、随分ムダな時間を仕事に費やしてしまっていたし、1通のメールを書くのにも時間がかかりました。プレゼン用のパワーポイントの資料を作るのに膨大な労力をかけていました。しかし、徐々に業務に慣れてくると、メールはスラスラと数分で打てるようになりましたし、日本語でメールを打つスピードと英語でメールを打つスピードがほぼ同じになりました。パワーポイントの資料は、以前より遥かに高いクオリティのものを1/5くらいの時間で作成できるようになりました。これが、経験を経て成長しているということです。

このような成長を手に入れられたのは、私自身が「主にBtoC海外市場向けの商品企画とマーケティング」という**明確な軸でつながった一連のキャリア**を歩むことができたからだと考えています。キャリアの途中で英語をまったく使わない仕事に転向していた場合、過去の経験は活かせなかったでしょうし、パワーポイントをまったく使わない部署などに異動していた場合、それ以降、スキルは向上しなかったでしょう。

何度か転職もしましたが、実は、仕事としてやっていることはそこまで大きく変化していません。だからこそ、過去の一つ一つの仕事の経験が積み上がって、さらなる成長を促すことができたのだと思います。

一方で、例えば、社内でジョブローテーションを繰り返し、20代の頃はエンジニアをやっていたが、30代で労働組合専従の仕事に移り、40代では人事部の新人研修の担当になり… といった**一貫性が薄いキャリア**を積んでしまうと、それら一つ一つの経験が積み重ねとして活きず、経験値が貯まらないので、ずっと仕事が楽になりません。

会社都合の人事異動の犠牲になると、このような弊害もあります。十分に注意しましょう。

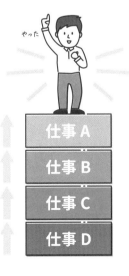

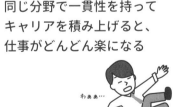

同じ分野で一貫性を持って
キャリアを積み上げると、
仕事がどんどん楽になる

30 ジョブローテーションの恐怖

　ジョブローテーションとは、本当に恐ろしい仕組みです。

　ある程度、規模の大きな会社であれば、ほとんどの場合、定期的な人事異動の機会があります。

　独立行政法人労働政策研究・研修機構の調査によれば、**社員数300人未満の会社でも約4割、社員数1,000人以上の会社であれば約7割が、ジョブローテーション（定期的な人事異動）制度がある**と回答しています。異動の頻度でいうと、「3年」が最も傾向として多いようです。

❗ 転勤という残酷な制度

　また、ジョブローテーションの範疇の中には、同じ事業所・オフィス内の異動だけではなく、転居を伴う人事異動、つまり、転勤も含まれます。同調査では、**社員数1,000人以上の企業の約8割で、「正社員は転勤の可能性がある」**という傾向がわかっています。自分はきっと大丈夫、と思い込んでいる人も、実際には、いつの日か転勤辞令や異動辞令が出る可能性はあります。

　当然ながら、転勤とは、社員個人の意思で「東京に行きたいです」「地方は嫌です」などと自由に決められるものではありません。

　上記調査の「転勤命令は会社主導ですべて決まるのか、それとも社員の希望を踏まえて決定されるのか」という質問では、**全体の約8割、社員数1,000人以上の会社では9割近くもの割合で、「会社がすべて決める」傾向という回答**になりました。これは、ある意味当然の結果ではあるものの、非常に残酷な人事制度の実態を表しています。

私自身も、かつては数年毎に日本全国を転勤して回っていました。当時は20代だったので、知らない土地に住むのも良い経験だと思えましたが、結婚して家庭を持った今となっては、家族と長期間離れ離れになったり、仕事の都合で幼い子どもに転校を強いたりするのは、さすがに心が痛みます。30代から転勤のない仕事に変わって、本当に良かったと思います。

　東京に住みたいか・地方の田舎に住みたいかという問題や、一か所に定住したいのか・色々な場所を転々とするのが好きなのか、という好みは、人それぞれ異なるものだと思います。

　しかし、8割以上の会社で、「転勤は会社主導ですべて決まる」という状況である以上、このような個人の希望は基本的に無視されてしまいます。

　「自分が住む場所さえ自分の意思で決められない」のは、よく考えるとおかしな話ですし、不本意な異動や転勤を受け入れて我慢して働き続けるのは、まさに社畜です。

**　人事異動は、自分の希望通りになる分には問題ないですが、そうでない状況があまりにも続く場合は、きちんと会社と交渉するなり、転職をするなりして、自分のキャリアと人生を取り戻した方が良いです。**

✅ 企業の転勤の実態に関する調査

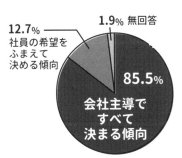

正社員の転勤はあるか？

7.0% 無回答
14.8% 転勤はほとんどない
78.2% 転勤がある

転勤の決定プロセスは？

1.9% 無回答
12.7% 社員の希望をふまえて決める傾向
85.5% 会社主導ですべて決まる傾向

出典：調査シリーズ No.174「企業の転勤の実態に関する調査」労働政策研究・研修機構（JILPT）
※社員数 1,000 人以上の企業の回答結果
※合計が 100％ にならないのは小数点以下切り上げのため

31 社内公募には安易に飛びつかない方がいい

　人事異動の仕組みの中には、**「社内公募制度に応募する」**という選択肢もあります。社内で特定の部署への異動希望者を募り、社員自ら手を挙げて異動する、という制度です。社員のモチベーション維持や、人材流出の防止、採用コスト軽減などのメリットから、大手企業の一部で導入されています。

　もちろん、希望を出したからといって必ずしも異動が決定するわけではなく、選抜のプロセスがあったり、面接があったりと一定のハードルはあります。ただ、通常の異動希望を上司に出すのと比べると、短期的に実現する可能性が高いため、キャリアにプラスになる前向きなルートとして、検討する価値はあります。

　一方で、「社内公募」は制度自体に問題も多く、スムーズに異動できそうだからといって安易に飛びつかない方が良いという考え方もあります。

　私が過去に見た「社内公募」の失敗パターンに、下記のようなものがあります。

❶ 実質的に良い選択肢がない

　「社内公募」で応募できる部署は、社内のほんの一部に限られており、また「現在の部署に2年以上在籍している社員のみ」などの条件も複数あるため、現実には、異動先の部署の選択肢は非常に少なかった。前向きに「社内公募」を希望してみたものの、結局、異動先の部署でも自分がやりたい仕事はできそうになかった。

❷ やたらと問題のある部署だった

「社内公募」を実施している部署は、実は社員が次々に辞めていて万年人材不足の問題のあるチームだった。退職者が多すぎて人員補充が追いつかず、苦肉の策として社内から人材を集めようとしていただけだった。

同様に、その部署へ異動したいと手を挙げる社員たちも、「今の部署が嫌だから、とりあえず抜け出したい」というネガティブな傾向の人が多く、結果として、部署の雰囲気はどんどん悪くなるばかりだった。

❸ 中身のない「新規事業」

「社内公募」で立ち上がった新規事業開発の部署は、社内のやる気と情熱にあふれる若手社員を集めて、過去に前例のない挑戦に果敢に取り組む、社内ベンチャーのような組織だった。

しかし、異動してみると、実態は「具体的に何をする部署なのか何も決まっていない」「社内の様々な人材の寄せ集めなので、リーダーとして仕切る人がいない」など、非常にフワッとした雰囲気で、結局、その部署は何の成果も挙げられずに2年後に解散、廃止されてしまった。

このように、社内の特定の部署、特定のポジションだけで「社内公募」をしている場合は、もしかしたら、その部署・ポジションに何らかの問題があるかもしれないので、要注意です。

外資系大手企業などの中には、部署に関係なく、中途採用募集中のすべてのポジションに自由に手を挙げて異動の希望を出せる**「社内転職制度」**がある会社も一部あります。

こういった、広範囲かつ自由度の高い制度を持つ会社であれば、公募での異動も十分に有効な選択肢になるでしょう。

32 社内異動は何年まで待つべきか

　この章の前半では、「転職はリスクが高いので、先に社内での異動が可能かどうか、検討した方が良い」「職種を変えたいなどのキャリアチェンジの希望は、転職と比べて社内異動の方が遥かにハードルは低い」という話をしました。社内異動には、自分の望むキャリアを実現できる一定の可能性があります。

　ただし、ここで問題となるのが、**「異動の希望が叶わない場合、大体何年くらい待つべきなのか？」**という判断です。

　確かに、転職して他社に移るのは社内異動よりも大変ですし、待遇悪化やミスマッチなどのリスクもあります。

　しかし、一向に叶いそうにない社内異動が実現するのをいつまでも待っているよりは、さっさと転職した方が早いのではないか……と思ってしまう人もいるでしょう。

　基本的には、下記のスタンスを取るのが良いです。

- ▶ **目安として1〜2年程度は異動希望を出して様子を見てみる**
- ▶ **明らかに希望が叶う気配がない場合は、同時進行で転職活動を始める**

❶ 人事異動の実現には時間がかかる

社内の人事異動は、思っている以上に時間がかかるものです。

　管理職になって人事に携わるようになると徐々にわかってくるのですが、ある社員を本人の希望通りに異動させようと考えた場合、その社員1人だけの異動ではなく、組織全体の人員配置を考え直す必要があります。部下のAさんの希望を叶えて営業部に行かせてあげよう、となったときに、人事部や、異動先の責任者の承認を取るだけではなく、向こうの営業部で「空きポジション」が出るまでの間、タイミングを待つことになったりもします。

　もちろん、現職の部署の中でも、自分がいなくなったときに、その仕事の穴は誰がどうやって埋めるのかという問題が生じます。たいていの場合は、自分の後任担当者も別の部署などから手配されることになります。しかし、そうすると、その後任の異動を成り立たせるためにまた様々な検討が必要になり……という、膨大な社内調整業務があるため、実現するまでに非常に時間がかかります。

　こういった社内の事情を考えていくと、仮に、「この部署への異動を希望します」と人事面談などで上司に訴えたとしても、その希望が叶うまで、短くても1年程度は時間がかかるものだと思っておいた方が良いです。

　もちろん、実際にどの程度の期間が必要かは、会社の状況などによってまちまちですが、少なくとも、異動を強く希望したからといって、2ヶ月や3ヶ月で実現するケースは稀でしょう。

　さすがに、2年経っても何も動きがない場合は、社内異動が実現するのを待ちつつ、同時進行で転職活動を始めるという判断も必要になるでしょう。

33 人事異動の希望を叶える「最後の手段」

　社内の人事異動の希望がどうやっても叶わないと思った場合、手段としては、社外でそのキャリアを実現する道を探すのが一般的です。つまり、転職活動を始めるということです。

　職種変更でのキャリアチェンジなどを、他社への転職を機に実現するのはかなり難しいですが、社内の異動が無理なら、転職という手段を考えるか、あきらめるかしかありません。異動が叶わないまま、ずっとくすぶっているだけというのも、それはそれで不幸ですし、試しに転職活動をしてみても間違いではないでしょう。

❶ 最後の手段「退職カード」の切り方

　一方で、実は、転職の他にもう一つ検討すべき手段があります。「最後の手段」と言ってもいいです。

　何かというと、**「異動の希望が叶わないのであれば、退職を検討することも視野に入れています」**などと、上司や人事に言うことです。

　新卒採用が中心で、社員の長期勤続を気にしている会社や、人材流出を食い止めたいという意思のある会社であれば、ある程度は柔軟に、こうした希望を受け止めてくれます。人事異動の希望を叶えるのは簡単ではないですが、「辞めてしまうくらいなら、自社の他の部署でもう一度頑張ってもらえるように取り計らおう」ということです。

　ただし、この「退職カード」を切るのは、自分自身が本気で「今の会社を辞めることになっても構わない」と考えている場合のみです。

いわば、「異動希望を通すこと」と「退職すること」を天秤にかけて交渉に出ているので、会社側から「わかりました。では、転職先を探してください」と言われても仕方がありません。その場合に本当に会社を辞める覚悟がない人は、この手段を使うべきではありません。また、社内での評価が低い人、上司から気に入られていない人が「退職カード」を切っても効果がなく、周りから「この人には辞めてほしくない」と思われていないと、この交渉は成立しません。

ある意味で「諸刃の剣」でもありますが、使いどころと使い方を間違えない限りは、社内異動の実現手段としては、非常に有効です。

会社を辞めてもいいという覚悟があるなら、何だってできるはずですし、どのみち希望が叶わなければ辞めることになるのだから、辞める前に「退職カード」で最後の勝負に出てみても良いと思います。

切り方が難しいカードでもあるので、ご使用は計画的に、あくまで自己責任でお願いします。

34 出産・育児・家事・介護との現実的な付き合い方

ここで、出産や介護による**キャリアの断絶**の話もしておきます。

このテーマ、非常に難しくセンシティブな内容でもあるので、この本の中で書こうかどうか迷ったのですが、長期的なキャリアを語るうえで避けては通れないと思ったので、書くことにしました。

子どもが生まれたときの産休や育休（男女共に）、介護休職などで一時的に仕事を離れたり、パートナーの転勤都合によって退職をしたりと、**キャリアのブランク**が生じることは多々あります。

ライフステージが変わることや、家庭の都合などによって、致し方ないことです。

そして、新卒採用一辺倒が続く日本の労働社会においては、**キャリアにブランクがあるという事実は致命的**です。

休職後の復帰先としては、あまり良い仕事の内容は期待できないことが多いです。休職期間が長くなればなるほど、社内のキャリア希望を叶えることも、社外でも転職も、両方難しくなっていきます。

ただ、「そんな社会はおかしい！」といくら叫んだところで、今日や明日に社会は変わりません。冷静に、この理不尽な世の中にどうやって対処すべきかを考えるしかありません。

❗ 唯一の方法は、「優先順位」づけ

基本的には、「優先順位」を決めるしか、解決策はありません。

残念ながら、現在の日本社会においては、仕事・キャリアと、家庭・プライベートの両方、何一つ犠牲にせずにすべてを手に入れるのは、ほとんど不可能です。「優先順位」をつけないといけなくなります。

例えば、産休を取って、育休もフルに使って、時短勤務しながら、希望通りの部署で働き、社内で最速で出世を目指したい、という働き方はまかり通りません。女性も、男性もそうです。

あるいは、新卒入社してすぐ家庭の事情で数年間休職に入ってしまったが、何とか出世の遅れを取り戻したい、と思ったところで、もう取り戻すのはほとんど不可能です。そんな優しくない社会は嫌だと私も思いますが、それが現実です。何を優先すべきか決めるしかありません。

もちろん、自分次第でリスクヘッジは可能です。キャリアに多少のブランクがあっても、何か特別な保有スキルのある人は、後から出世や転職、異動の希望を叶えるチャンスを取り戻すことができます。ある程度は、自分の努力次第です。

❗ キャリア志向に合う会社を選ぶ

もう一つ、重要なのが、**自分のワークライフバランスの考え方に合う会社を適切に選ぶこと**です。

世の中には様々な会社があるので、男性の育休取得なんてあり得ないという旧態依然とした会社もあれば、男女共に育休取得を奨励しており、復帰前後には全面的に業務のサポートをしつつ、会社負担で高額な育児補助金を出すような優しいところもあります。プライベートや家事育児などに寛容な会社を選んで入社することで、出産・育児や介護などのライフイベントを何とか乗り越えることができます。

現実は厳しいですが、「優先順位」と「会社選び」を上手く活用し、バランス良く折り合いをつけましょう。

35 出産前後でのキャリアチェンジをどう考えるべきか？

　たまに、産休や育休を取る予定がすでにある状態で、社内の異動、転職といったキャリアチェンジを検討する人がいます。こういう行動をとる人は、意外なほど多いです。

　しかし、前のページに書いた通り、キャリアや人生の希望はすべて同時には叶わないため、何を優先し何を犠牲にするかという**「優先順位」**をきちんとつけておく必要があります。

　原則として、直近で産休や育休を取りたいと思っているのに、同じ時期に人事異動の希望を強く訴えたり、転職活動を始めたりするのは、やめた方がいいです。

　個人のキャリアをどう考えるかは本人の自由ではありますが、自らの意思で異動や転職をしておいて、新しい職場ですぐに休職に入ると、確実に信頼を失います。結果として、自分のためになりません。

　社内の異動であれ、社外への転職であれ、新しい職場に移るというのは、思っている以上に精神的・身体的な負担を伴います。新しい同僚たちの名前と顔を覚えたり、新しい仕事を引き継いだり、それに必要な知識を学んだり、といった最初の立ち上がりに、数ヶ月程度は心血を注ぐ必要があります。

　ここで手を抜いて適当な仕事の始め方をしてしまうと、自分の第一印象を非常に悪くしてしまい、その後の仕事の中でも、ずっと引きずることになってしまいます（127ページ参照）。

❶ キャリアチェンジの挑戦は、ライフイベントが落ち着いたタイミングで

このタイミングで、プライベートでも出産や育児などのライフイベントを迎えてしまうと、**仕事第一で頑張らないといけない正念場の時期なのに、仕事に集中できない、時間も割けない**、という結果になり、そこで背負ってしまったマイナスはすべて将来の自分に返ってきてしまいます。

他にも、結婚や引っ越し、留学なども、考え方は同じです。人事異動などの大きなキャリアチェンジは、ライフイベントが落ち着いた時期に考えるなど、冷静な対応が必要になります。

キャリアは長期戦です。何十年もずっと、ひたすら全速力で走り続けることは、さすがにできません。

仕事に全力を注いで頑張るべきタイミングと、仕事はある程度省エネで回して他のことに時間を使うべきタイミングの両方があります。

20代の新卒ファーストキャリアの最初の5年間や、あるいは、部署異動直後、転職直後の一定期間、今後の昇進を決める大仕事がある年など、「絶対に負けられない戦い」で負けてしまうとキャリアに大きなダメージを負うことになり、最悪、再起不能になってしまいます。

一方、それ以外の時期は、それほど一生懸命に仕事を頑張らなくても一応何とかなって、一時的にプライベートを優先して構わない、ということもあります。プライベートの方も、仕事を犠牲にしないといけないほど大きなイベントが毎年次々にあるわけでもないでしょう。大事なのは、その時々でのバランスです。

出産や介護などのタイミングは、自分で完璧にコントロールすることはできないので、ある程度は難しい部分もあります。少なくとも、大きなキャリアチェンジの意思決定は、プライベートが落ち着いている時期を見ながら行動すると良いでしょう。

第2章

97

36 ロールモデルは、社内には見つからない

　会社の中でのキャリアを考えるとき、**「ロールモデルを探せ」**ということがよく言われます。しかし、ロールモデルが社内に見当たらない場合、頑張って探す意味が本当にあるのかな？と思うことがあります。

　ロールモデルとは、今後の行動指針としての、自分にとっての「お手本」となる人物のことを指します。ロールモデルを設定するのは、会社員として大事なことだと言われています。
　一方で、会社の中で目標とすべき、「将来こんな風になりたい」「将来はあの人のようなキャリアパスを歩みたい」と思う存在が思い浮かばないというのは、現代の多くの若手社員の悩みでしょう。**明確な「お手本」がなく、自分がどこを目指せばいいのかわからない**ということです。

　この話、なんとなく理論としては納得できるものの、実際に、自分の職場に照らし合わせて考えてみると、あまりピンと来ない部分がありませんか？
　やたら偉そうな態度の嫌味な先輩、毎日定時退社して趣味に没頭する中堅社員、年功序列で昇進しただけで尊敬できない上司などなど……　周囲を見渡しても、「お手本」にしたくなるような優れた人物って、そう簡単には見つかりません。
　そして、「5年後にはこの人みたいなキャリアを歩みたい」「将来はこの人のような管理職になりたい」という強いあこがれを感じる人物って、自分から、どこだ、どこだ？一体どこにいるんだ？と一生懸命探すものではない気がします。

❶ 問題の所在は、「ロールモデルの不在」ではなく、 「職場のミスマッチ」かもしれない

おそらく、「頑張って探そうとしている」時点で、社内にロールモデルはいないのだと思います。

言い替えると、自分の望むキャリアを実現している先輩や上司、ベテラン社員などが社内に一人も見当たらない場合、そのキャリアを社内で歩むのはあまり現実的ではない、ということです。

自分の希望が「部署Aから部署Bへの異動」だったとして、それと似たような異動を実現した人が過去に一人もいない場合、もしかすると、最初から可能性はゼロかもしれません。

あるいは、「職種Aから職種Bへの転向」という希望を持っていた場合も、職種Bは社内の別部署から登用した実績はなく基本的に中途採用で雇っている、などの状況だと、いくら上司や人事に希望を出してもムダかもしれません。

会社の中に「お手本」がいないのは、自分のやりたいことは社内では実現できない、という事実の裏返しではないでしょうか？

社内にロールモデルが見つからないことを嘆くより、キャリアの希望が社内では叶いそうもないのに、何となく惰性でその会社で働いている自分の状況を、ちょっと憂いた方が良いような気がします。

ロールモデルを無理して見つける必要はないです。ロールモデルを会社の外から見つけるという手段もあります。

しかし、そのときは同時に、**自分は一体なぜこの職場で働いているんだっけ？自分が目指すキャリアってこの職場の中にあるんだっけ？**という問いを、改めて考えるべきです。

37 プロパー組と転職組の アンバランスな事情

　会社によって、**「プロパー組」**と**「転職組」**、それぞれの扱いは様々でしょう。

　「プロパー組」とは、新卒入社でその会社に入り、そのままずっと働き続けている人たちのこと、「転職組」とは、中途採用で他の会社から移ってきた人たちのことです。

　私が新卒入社した会社では、全社員のおそらく95%以上が新卒採用で、そもそも中途採用の人と会う機会がほとんどないという環境でした。

> ▶「入社8年目の岡田です！　新卒から今まで、5年間は営業支店、2年間は経営企画部にいました。よろしくお願いいたします！」

> ▶「へー。吉村君は入社11年目なんだ。…ってことは、田中君の同期だよね、隣の部署の。もしかして、千葉さんとかも同期？」

> ▶「西内部長と柳田部長、あそこ、実は同期なんだ。昔っから国内事業本部を仕切ってきた2人で、今回の組織変更も、その頃の名残が反映されているんだよ」

　などといった会話が繰り広げられていました。なんだかドラマの中のような話ですが、実話です。

　こういう会社だったので、「入社何年目」という会話の中で、**「あ、僕は中途なので、同期はいないんですよ」**という人と出会ったときは結構驚きました。といっても、私がその会社にいた5年間で中途採用の人と出会っ

たのは、覚えている限りで3人だけです。何百人という社員と仕事をして
きたはずですが、中途入社はほぼ皆無でした。だからこそ、「あの人、中
途なんだ…」と強く記憶に残っています。

　中途入社というだけで珍しいなんて奇妙に思う人もいるかもしれません
が、日系大手老舗企業の中身って割とこのような感じです（もちろん、会
社によりますけど）。

❶ 新卒入社プロパー組の「選抜」は、気づいた頃には 終わっている

　**当然ながら、こういう会社に中途で入ると、結構肩身の狭い思いをしま
す。**よほどコミュ力が高くて、図太い性格の人じゃないと、日々辛いと思
います。周りの社員みんな「同期の絆」みたいなことを言っている世界だ
からです。

　一方で、**新卒入社なら幸せなのか？**というと意外とそうでもありませ
ん。新卒からずっと働いている社員に対する、**出世コースに乗れるか・乗
れないかの「選別」**は、アラサーくらいまでにはほぼ確定しています。

　入社してから10年程度、20代〜30代半ばくらいまでの間に何度の昇
進を経験しているか、どの部署で、どのような業務の担当をしてきたか等
によって、社内の「1軍」「2軍」「補欠メンバー」はすでに選別済みです。

　30代後半になる頃には、管理職に上がる人も出てくるでしょう。一方
で、すでに、年次が下の社員に次々に出世を抜かされている人もいます。
この序列は、30代以降はもうひっくり返りません。

　**社内の異動を検討するのも良いですが、「もうすでに社内のキャリアに
明るい道はない」という人も実際にいるので、異動以外の選択肢も、同時
進行で柔軟に考えておくと良いです。**

38 適材適所と、適応力

　キャリアを考えるうえで、一応、想定しておかないといけないのが、**自分の希望が最終的に叶わないこと、そして、自分が考えたキャリアの方向性が間違っている可能性があること**です。

　身も蓋もない話ですが、希望しているキャリアを手に入れても、本当にそれで幸せになれるとは限りません。また、あらゆる仕事は実際にやってみないとわからないので、せっかく異動希望が実現しても、「思っていたのと全然ちがった」ということもあり得ます。

　例えば、自分自身は社内のある部署に移りたいと強く願っていたとしても、上司や人事部が「いや、この人にはその仕事は向いていない」「この人にはその仕事は任せられない」という判断で、**適材適所を考えてあえて異動させていないだけ**かもしれません。

　基本的に、人間には向き・不向きがあるので、個人的に向いていないことはやらない方が良いですし、個人的にやりたいことが、そのまま向いていることと合致しているとは限りません。**「やってみたいけど向いていないのでできないこと」**は実際にあります。残酷ですが、そういうものです。

パターン❶　やってみたら思っていたのとちがった

ずっと考えているキャリアチェンジの方向性があり、職種変更の希望を出して、そのための勉強などもしてきた。しかし、その分野の勉強をしていても実はあまり楽しくなかったし、モチベーションが保てず、全然進まなかった。もしかすると、この道は間違っていて、その職種に就いたとしても、自分のやりたいことには近づけないのではないかと思えてきた。

パターン❷　異動が実現する可能性が初めからなかった

社内で、ある部署にどうしても異動したいと、ずっと希望を出してきた。上司にも人事にも自分の熱意を訴え、もう何年も待っているのだが、一向に希望が叶う気配がない。つい最近知ったのだが、どうやらその事業は他社に売却される予定のため、来年には部署ごとなくなってしまうらしい。自分は一体何のために今まで待ち続けていたのだろうか。

パターン❸　実は自分には向いていなかった

営業職を希望して今の会社に新卒入社したのに、なぜか配属は経理。過去6年、ずっと営業に移りたいと希望してきて、やっと異動が実現した。しかし、実際に営業の仕事をやってみると、口下手な自分にはまったく向いておらず、経理の方が適職だったのだと気がついた。よく考えると、人事部の担当者や、過去の上司は、私の適性をきちんと見極めたうえで、性格的にピッタリな経理に配属してくれていたのではないか。今日も、営業の仕事が辛く感じてしまう。

こういった事例は、数えきれないほどあります。

現実的に、「やりたいこと」と「やれること」は異なりますし、希望通りの仕事に就けたとしても、その仕事の中でまた別の悩みや課題が出てくることもあります。

自分の望むキャリアを実現することと同じように、自分にとって「適材適所」で向いている仕事を見つけること、たまたま配属された部署であっても何とか「適応」する努力をすることも、とても重要です。

39 人事異動からは、一生逃げられない

会社員の最大の敵は「人事異動」だと、私は思っています。

社内で欠員が生じたり、組織変更で部署の編成が変わったりしたときに、会社都合の帳尻合わせのため、社員が犠牲になって新しい仕事に就くことになります。

人によっては、「飽きっぽい性格なので数年おきに部署を異動させてもらった方が助かる」「色々な部署を経験することが自分の糧になる」などとポジティブに捉えている場合もあります。しかし、そんな悠長なことを言っていられるのは、せいぜい経験の浅い20代のうちではないかと思います。

▶ せっかく今の仕事が気に入っていたのに、突然の人事異動で他の部署に移されてしまい、次の仕事にはまったく興味がなくモチベーションが下がってしまった。

▶ 今後ずっと同じ畑でスキルを磨いて生きていきたいと個人的に考えていたのに、未経験の部署に異動になり、キャリアが振り出しに戻ったような働き方を強いられている。

▶ 遠方への転勤が決まり、まだ幼い二人の子どもを残して単身赴任せざるを得ず、今の時期しか見られない子どもの日々の成長をすべて写真で知るだけになってしまった。

こういった人事異動に伴う不幸は、枚挙にいとまがありません。現在このような目に遭っている人はもちろん、**今はそうでなくても、将来起こる可能性があるというのが問題**なのです。

幸運にも、過去すべて自分の希望通りの部署で仕事ができているという人も、来年、いや来月、何が起こるかはわかりません。

会社員は、この「人事異動の悲劇」の螺旋から逃れることはできません。
会社員として生きていく以上は、多かれ少なかれ、一生付き合っていかないといけない問題です。

私自身、4社目の外資系メーカーは非常に自分に合っていて素晴らしい環境だと思っていましたが、突然社長が退職したことによる組織変更と人事異動で環境がガラッと変わり、新しく来た上司との関係性や、前社長なき後の体制などが原因で、退職を決めました。

5社目の大手外資系IT企業では、社内公募で自ら希望の部署に移ったというのに、たった1年ほど後にレイオフの波が来てしまい多くの同僚が退職、残ったメンバーへの業務負荷のしわ寄せがひどすぎて激務状態になり、自分自身のミッションも大きく変わってしまったため、退職を考えるに至りました。

❶ 人事異動に振り回されるのが嫌なら、独立の道を模索するのも一手

現在、私は、自分で会社を作って以前と同じマーケティング関連の仕事をしつつ、副業で作家として本やブログを書く生活をしています。

「人事異動」という最大の敵から逃れるためには、会社員を辞めるしかなかったのです。

おかげさまで、やりたくない仕事を強制されたり、突然引っ越しになったりするかも、という会社員時代の不安は消えました。

「人事異動」とどう付き合っていくかは、会社員の大きなテーマです。そして、会社員の身分でいる限り、そこから逃れる術はありません。そこに強いアレルギーを感じる人は、独立などの道を模索するのも良いでしょう。

40 会社と社員との関係性が変わり始めた

この章では、人事異動という手段で個人の理想のキャリアを叶える方法について、詳しく説明してきました。社内の配属変更によって実現できること・できないことを切り分けながら、人事異動以外の手段を取る可能性などについても、折に触れて述べてきました。

やはり、理想のキャリアを手に入れるためのカギとなるのは、「人事異動」「転職」「副業」など、複数の手段を複合的に使い倒して、その時々でベストなカードを切ることです。

❗ もう、会社に流されて働く時代ではない

人事異動という手段を使えば、職場とのミスマッチや待遇悪化などのリスクを最小限にしながら、未経験職種に挑戦するなど、本来はハードルの高いチャレンジに柔軟に挑むことができます。

また、**転職**という手段を使えば、社内では到底不可能なキャリアアップや、社内で頑張っていても何年も実現しないようなキャリアチェンジを短期間に実現できる可能性もあります。当然、ハードルは上がりますが、決して不可能ではないですし、やってみる価値はあります。

あるいは、「収入を増やしたい」「やってみたい仕事がある」などの目的であれば、現実的に、**副業**という手段を取るのが良いこともあります。一定規模の収入源を本業以外に複数持つことによって、長期的な安定を手に入れ、資産形成を進めることもできます。

何より、これら複数の手段を使うための用意がある、これらのカードを切る準備ができている、という心の持ちようが大事です。黙って会社に流されるような働き方では満足しないぞ、という意思があるかどうかです。

いずれの手段を使うにしても、もはや、会社の命令に大人しく従って、会社都合のジョブローテーションや転勤を受け入れて定年まで働く、というキャリアの積み方はほぼ終わったのだと思います。

　望まない人事異動に従って我慢して働き続けても、もう今後、大したリターンは見込めないですし、突然のリストラで、すべてなくなってしまう可能性さえあります。良い学校を出て、良い会社に入って、定年まで会社命令に従って真面目に働けば安泰、という時代は、完全に終わりました。

自分のキャリアを、自分の人生を、会社に預けてはいけません。

　社内昇進にしても、人事異動にしても、転職にしても、副業にしても、自分のキャリアの舵取りは自分自身がしないといけないのです。人生の主導権は、自分の手で握りましょう。今はもう、そういう時代です。

神に選ばれし7つの強みを持つ男

あの日、私は見たんだ。本当に恐ろしいものを見た。
東京ビッグサイトで、ある展示会に参加していたんだ。
見覚えのある会社のロゴ。そう、私が以前いた会社のブランドロゴだ。

しかし、おかしいぞ。この展示会は、IT業界のソフトウェアソリューションを扱ったものだ。私が以前いた会社は、全然関係ない製造業のニッチ分野の大手だ。こんなところに、いるはずがない。

でも、いたんだ。確かにいたんだ。その会社のブースがそこにあった。それだけじゃない。見覚えのある、優しい顔。

「先輩…」
「安斎君！久しぶりだね！」
その先輩は、7つのキャリアを股にかける「選ばれし者」だった。

何を言ってるかわからねーと思うが、私も、一体何が起こったのかわからなかった。キャリアチェンジとかパラレルキャリアとか、そんなありきたりな言葉じゃ言い表せない、もっと恐ろしいものの片鱗を味わったんだ。

私が一緒に働いていたとき、彼はマーケティング部所属だった。ちなみに、その前はハードウェア設計のエンジニアだった。マーケティング部の後、確か、経営企画室に異動になって、その後、人事部で採用担当をしていたはず…。なぜ、ITの展示会に？？
話を聞くと、人事部の後も3回ほど異動があって、現在は新規事業であるスマホアプリの企画と広報の仕事をしているらしかった。3回の異動？　まだ、私が辞めてから5年くらいしか経ってないのに？

おわかりだろうか。7つの強みを持っているのではない。彼は、40代になって、何一つ強みがないのだ。
設計のプロでも、マーケティングのプロでもない。経営企画のプロでも、人事のプロでも、ITのプロでも、新規事業のプロでもない。各業務の経験年数は、せいぜい2〜3年しかないのだから。

そこには、ジョブローテーションの犠牲者がいた。
会社という「神」に、ただ流されるがまま従うだけの存在として。

第3章

出世のルール

本書冒頭のチャート診断結果 ＝ C：リーダータイプの
あなたは、現職の会社に対してある程度の愛着があり、
また、組織作りや後輩の教育にも精を出したいと考え
ています。司令塔としてチームを動かすことも好きな
ので、今の会社の中で出世を目指すのが最適です。で
は、昇進や出世のチャンスを掴むには、具体的に、どの
ような行動が必要なのでしょうか？　この章では、社
内昇進を目指す際の注意点と、その詳細な実現方法に
ついて、明らかにしていきます。

41 どういう人が出世の道に向いているのか？

　新卒入社した会社の中で経験を積み、順当に出世して、30代〜40代で管理職になるというキャリアの積み方は、かつては最も一般的なものでした。というか、それ以外に、あまり現実的なキャリアアップの手段がなかったとも言えます。

　転職があまり一般的でなく、終身雇用・定年退職が大前提だった時代には、社内での出世を望まないということは、自身のキャリアをあきらめるのとほとんど同義でした。

　しかし、これは昭和のサラリーマンの常識です。現代においては、当然、会社員として働くことがすべてでもないですし、会社員にとっても、出世だけがキャリアアップの手段では決してありません。

　つまり、**個人として「社内での昇進」という道を選ぶべきかどうか、という判断**が必要です。これから詳しく説明していきますが、世の中には管理職に向いている人・向いていない人が明確に存在するからです。

❶ 管理職には「向き」「不向き」がある

　よく言われる話として、プレーヤー（一人の業務担当者）として優秀な人が、マネージャー（管理職）としても優秀になれるとは限りません。「仕事ができる」と周りから評価されているからといって、管理職になるのが良いだろう、とは必ずしも言い切れません。

なぜかといえば、管理職の仕事は、担当者レベルの仕事の延長線上にあるわけではないからです。プレーヤーとしての仕事に必要なスキルと、管理職としての仕事に必要なスキルは、大部分が異なる能力です。この点を混同してしまうと、今後上司になる人も、その部下につく人も、両方不幸になってしまいます。

　マネージャーは、あくまで「マネージャー」という役割の仕事をしているだけであり、チームメンバーよりも人間的に上というわけでも、能力的に優れているわけでもありません。
　組織図の中での主従関係はあるにしても、人間としての上下関係はありません。ダメな管理職は、この点を勘違いして、「上司は部下よりも偉い」と思って、自分勝手なハラスメント行為に走ってしまいます。こういう考え方をしてしまう人は、管理職にはならない方が良いです。

　例えるならば、「サッカー日本代表の監督」のようなものです。あくまで、**「司令塔」の役割で雇われているというだけ**で、上司自身が実力的に誰よりも上というわけではないですし、一番のスタープレーヤーでもありません。自らドリブルシュートを決めて点を獲りにいくのではなく、チーム内のスタープレーヤーもアシスト役もゴールキーパーも補欠選手も含め、チーム全体をトータルで動かして結果を出すことが、最も大きな役目です。

　この意味で、実は、目立ちたがり屋な人は管理職には向いていません。
　自分が目立つのではなく、組織のことを第一に考え、スポンサー・クライアントのために結果を出すことにコミットできる人が、管理職に最適な人材であり、社内での出世を目指すべきタイプの人間です。

42 管理職という「役」を演じる

端的に言うと、管理職に必要な能力とは、**個人的な感情を殺して管理職という「役」を演じること**です。個人的な好き嫌いで動くのではなく、あくまで、組織の中での「役割」を果たすということです。

「一度一緒に飲みに行って、酒の席で本音を聞き出してみよう」「部下一人一人のキャリアに寄り添って、相談に乗ってあげよう」などという人情派の管理職は、現代の組織マネジメントでは必要とされていません。

なぜかというと、**感情で動くタイプの上司は、必ず多くの敵を作るから**です。

個人的な感情や、独断的な考えで行動する上司は、「なぜいつもあの人ばかり優遇されるんだ」「えこひいきじゃないのか」と、本人にそのつもりがなくても、自然と部下の反感を買ってしまいます。

一方で、周りの空気を読んで「いい人」になろうとする上司は、部下のAさんにも優しく振舞って、Bさんの意見も肯定し、Cさんの態度もまったく否定せず、とやっているうちに、「言っていることがコロコロ変わる」「何を言っても同じ反応で信用できない」という評価を受けて、これまた失敗します。

❶ マネジメント ＝ 明確なルールの運用

マネジメントに必要なのは、人情や感情ではなく、ルールとメカニズムです。組織全体のルールを作って、部下全員にそれを守らせることです。そのルールを作って正しく運用することこそが、管理職の役割です。

例えば、組織として「利益を最大化すること」が最優先事項なのであれば、営業成績が一番良かった部下のＡさんは称賛されるべきで、一方、営業目標に遠く届かなかったＢさんには厳しい指導をしないといけません。スタッフ職としてコストダウンに貢献したＣさんも、Ａさんと同様に高い評価を受けないといけないですし、利益にあまり貢献していないけれど毎朝早くから会社に来て頑張っている様子のＤさんは、いくら頑張っていても褒められることはありません。

　こういった、透明で一貫性のあるルールが存在しないと、職場には「不平等」が蔓延してしまいます。

　「花形の営業職で目立っているＡさんは人事評価が良いけれど、裏方でコストダウンに貢献したＣさんは、なぜかあまり評価されていない」「Ｄさんは、まったく成績が良くないのに、毎朝早く出社して残業もしているから上司に褒められている。自分も残業をすればいいんだな」と、チーム全体におかしなインプットを与えてしまいます。

❶ 個人的な感情や思い入れではなく、ルールありきで行動する

　この過程には、自分の一時的な感情や、「この部下を褒めてあげたい」といった気持ちではなく、「組織のルールに則って判断すると、Ａさんの評価を上げて、Ｂさんの評価を下げないといけない。Ｂさんには改善のために指導が必要だ」という厳格な態度が必要です。時には、自分の感情的にあまり褒めたくない部下を褒めたり、自分の感情的に怒りたくない部下を怒ったりしないといけないことも、当然あります。

　管理職とは、基本的に「嫌われ役」です。管理職とはそういう役目なのだと割り切って、その役になりきる必要があります。

　同時に、マネジメントと人材育成の経験、チーム一体としての仕事の達成感など、得られるものも非常に多いので、そういった部分でモチベーションを上げられると良いでしょう。

43 出世の道 ＝ メンバーシップ型人材を目指すということ

　私の個人的なキャリア構築のスタンスは、「会社に対する貢献より、自分にとってのメリットを考えよう」「会社のために働くのではなく、自分のために働こう」というものです。

　しかし、この考え方は、組織で管理職として働く人にはあまり向いていません（その自覚があるので、私は30代半ばでマネジメントの道をあきらめました）。

　一つの会社の中で出世を目指して管理職として生きていくということは、基本的には、**メンバーシップ型思考の人材として働く**ということです。自分の仕事として定義された役割だけを果たせばいいという**ジョブ型思考の人材**は、長期的に社内で出世を目指すという生き方にはあまり適合しません。

　どちらが良い・悪いという話ではなく、どちらに自分が向いているか、どちらを目指したいかという、適性と個人的思考の問題です。

　もちろん、管理職の中には「マネジメントとしての経験値を積んで転職市場に出ていく」というジョブ型思考の人もいると思うのですが、ある特定の組織の内部で出世街道を歩みたいと思うなら、上記のように会社より個人を優先する考え方では長期的には上手くいきません。

❶ 日本の会社の多くはメンバーシップ型

　日本のほとんどの会社は**メンバーシップ型**の雇用を続けており、基本的に、社員を「会社を構成するメンバー」と捉えています。そのため、「当社に所属しているからには全力で貢献してもらわないと困る」という考えになりがちです。

　一方で、**ジョブ型**思考の人は、採用時のジョブ・ディスクリプション（業務内容の定義書）に書かれていることを遂行するのが自分の仕事であり、会社とは労働契約を通して仕事でつながっているだけ、というドライな考え方です。

　端的に言うと、「自分の仕事が終わっていても、チームの仕事が終わっていないなら深夜残業してでも手伝うべきだ！」というのがメンバーシップ型で、「自分は採用時に約束した仕事をすべて全うしているのに、なぜ残業を強要されないといけないのか？　プライベートの用事を優先させてほしい」というのがジョブ型です。日本的な会社組織のほとんどは前者の傾向があるので、後者寄りの考え方の人は、日本国内の会社ではなかなか昇進できません。

　社内での出世を長期的に目指すのであれば、**「組織あっての自分」という意識**を持ち、自分個人の意思より、会社組織の意思を優先する姿勢でなければなりません。**「会社を使い倒す」のではなく、あえて「会社に使われる」ことで自分のキャリアを活かすという道です。**

　組織のメンバーとして生きていく代わりに、会社が持つ信用力・資金力などを最大限活用できるので、ある意味で、非常に賢いキャリアの積み方だとも言えます。色々とハードルはありますが、個人で独立や起業をして安定的にお金を稼ぐよりははるかに難易度は低く、キャリアアップの方法として効率は良いです。

44 会社員の8割は、管理職になりたくない

転職メディア「転職サイト比較plus」の2022年の調査では、**20代会社員の77.6%が「将来出世したくない」**と答えています。また、「出世したい」と答えた残りの22.4％についても、出世したい理由として挙げた項目のダントツ1位は**「給料を上げたいから」**です。別に、管理職や役員としての仕事内容や経験を求めているわけではないのです。

これとは別に、日本能率協会マネジメントセンターが2023年4月に実施した、「管理職の実態に関するアンケート調査」では、**非管理職社員全体の77.3%が、「管理職になりたくない」**と回答しています。「20代の出世意欲が低い」という話だけでなく、**実は世代を問わず、現役の非管理職のほとんどが、将来の管理職への昇進を望んでいないのです。**

❗ 管理職にならないための努力をする人もいる

私の知人の40歳くらいの会社員も、「このままでは今年、管理職に昇進してしまう。本当に嫌だ」と愚痴をこぼしていました。いわく、昇進すると裁量労働制に移行し残業代がつかなくなるため、仕事が増える割に収入は減ってしまうということでした。会社によっては、休日出勤なども管理職だと無給になる場合もあります。また、ひどいケースだと、**社内のあらゆる業務のしわ寄せを中間管理職に押しつけ、馬車馬のように休みなく働かせる**ことで業務を維持するのが前提になっている会社もあります。

仕事量は増え、責任は重くなり、給料もその分増えたと思いきや、残業代がなくなったせいで時給換算は逆に減ってしまった、という管理職は実際多いです。この状況では、「管理職に昇進したくない」部下が全体の約

8割という話も、十分にうなずけます。実際、管理職一歩手前で、何とか昇進を避けようと「出世しないための努力」をしている人も結構います。しかし、現実的には管理職になりたい人だけが管理職に昇進するわけではなく、日本の会社はほとんどが年功序列なのもあって、「年齢的にそろそろ…」と、望まない昇進の辞令が出てしまう人もいるでしょう。

　先ほどのアンケート調査、実は特筆すべきは、約8割の非管理職が昇進したくないという事実よりも、その背景にある「管理職になりたくない理由」です。「業務負荷と報酬のバランスが釣り合っていない」「業務量が多すぎる」「責任の重い仕事をしたくない」などの理由を抑えて、圧倒的な第1位となったのは、**「自分は管理職に向いていない」という、個人的適性に関するもの**です。

　管理職は、何かとすぐ槍玉に上げられがちですが、実は彼ら・彼女らも辛い思いをしているのです。なりたくてなった人ばかりでもありません。上司に対する不満が募っている人は、一度、上司の気持ちも考えてみましょう。

✅「管理職になりたくない」理由のトップ5

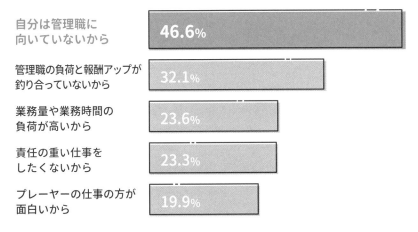

項目	割合
自分は管理職に向いていないから	46.6%
管理職の負荷と報酬アップが釣り合っていないから	32.1%
業務量や業務時間の負荷が高いから	23.6%
責任の重い仕事をしたくないから	23.3%
プレーヤーの仕事の方が面白いから	19.9%

※複数選択3つまで
出典：2023年4月　日本能率協会マネジメントセンター「管理職の実態に関するアンケート調査」

45 会社員人生は、能力ではなく「好感度」で決まる

さて、ここからは、**社内で昇進を目指したいというタイプの人が、具体的にどうやって出世コースのキャリアの手に入れるか**、という方法論について書いていきます。長期的に出世したい人だけではなく、社内での周囲からの評価を上げたい人にも大いに役立つ内容になっています。

まず、重要なのは、仕事ができる人が順当に出世していくわけでは決してないということです。

社内で同僚から認められたい、上司に評価されたい、早く昇進したいと思ったとき、それを実現するための手段は「仕事を頑張って成果を出すこと」とは限りません。

長い間会社に大きな貢献をしてきた人がせいぜい課長クラス止まりで、中途入社でほんの1年前に入ってきた人があっという間にスピード出世して部長クラスになったりするのが世の常です。実績や実力があれば出世できるわけではありません。そういうものだと、最初からわきまえておかないといけないです。

❶ 頑張ったかどうかを決めるのは、自分ではない

会社員としての評価のほとんどは、「好感度」で決まります。

多くの会社員が**「自分はこんなに仕事を頑張っているのに、全然報われない」**と嘆いています。しかし、自分がいくら「頑張った」と思っていてもあまり意味はなく、評価をするのは上司だったり、人事部だったりします。**つまり、「頑張ったかどうかを決めるのは他人」**です。

そして、地道に頑張っていれば、きっと誰かが見ていてくれる……みたいな話は完全に嘘です。評価してほしいと思うなら、自分から上司や周りに一生懸命アピールしないとダメです。縁の下の力持ちは、どんなに頑張っても一生評価されません。

　目の前の仕事を真面目に頑張っているかどうかは結構どうでも良かったりして、本当に大事なのは、上司から見て目立つ仕事をしているか、周りから頼りにされているかどうかなどの**「好感度」**です。評価を下すのが人間である以上、どんなに高度な仕事術を身につけていてもそれだけでは無意味で、好感度が低ければ評価は上がりません。

　「営業職などであれば好感度は関係なく、実績の数字は明白だ」と反論する人もいるかもしれませんが、実際の人事評価では、そうとも限りません。

　仮に、他の社員よりも営業ノルマの達成率が良かったとしても、**それをどう評価するかは「評価者次第」**です。「アイツはたまたま運よく受注を取れただけだ」「前任者が頑張っていて、それを引き継いだだけだ」などと思われたら、いくら数字が良くても評価は上がりません。日々の好感度の積み重ねによって、ビジネスパーソンとしての成功度合いは完全に変わってしまいます。

　理不尽だと思いますか？　バカらしいと思いますか？　納得がいかないとしても、会社員とはそういうものなので仕方がありません。

　昇進や昇給などの社内のチャンスを得るためには「好感度」を上げるしかないと割り切った方が良いです。

46 飲み会やゴルフは、意外とバカにできない

続いて、さらにバカらしい内容を書きます。

極めてバカバカしいのですが、純然たる事実なので、書かないわけにはいきません。

勤めている会社での社内評価を最も大きく左右するのが「好感度」である以上、飲み会やゴルフ接待、社内政治などにも、できる限り全力で向き合わないといけないということです。

出世コースを歩むのは、いつだって政治が上手い人です。良い管理職・良いリーダーであること以上に、優秀な政治家でないと、部長クラスより上にはなかなか上がれません。というか、性格的に政治や根回しなどが好きじゃないと、精神的にも出世競争を勝ち抜いてはいけないものです。

会社の仕事の中で上司や上層部、人事部などに気に入られるのはもちろんのこと、業務外での飲み会や接待なども非常に大事です。

気持ち悪いと思う人もいるかもしれませんが、会社とはそういうものなので、出世したいと本気で思うなら頑張るしかありません。

例えば、社内の偉い人たちの会食準備などでも、一つの重要な仕事だと思って全力を尽くさないと、社内評価と好感度を上げることはできません。

会食の店選び、タクシー移動の手配、場合によっては、手土産や花束の用意、写真撮影の準備なども必要です。実はかなりマルチタスクですし、一つ一つ細かい仕事にも失敗は許されません。普段の仕事ももちろん大事ではあるのですが、こういった会食や宴会の際にミスをして偉い人の機嫌を損ねてしまう人は、なかなか好感度を上げることができません。ある意味、普段のデスクワークよりも、よっぽど神経をすり減らして取り組んでいる管理職も多いはずです。

❶ 出世は、「実績」よりも「好感度」で決まる

私自身も、以前ある大企業にいたとき、出世コースの仕事に大抜擢されるチャンスを手に入れたきっかけは、普段の仕事ではなく、「社内交流イベントで目立っていたこと」と、「執行役員と何回か朝まで飲みに行って気に入られたこと」でした。

その証拠に、異動が決まった後、その執行役員から、**「せっかくこの俺が出世させてやったのに、安斎君から直接御礼の言葉がないじゃないか」**と、あからさまに嫌味を言われました。当時20代半ばだった私は、社内の人事異動や昇進は本人の実力や評価で決まるもので、人材として認められたから異動の話が来たのだと思っていました。「人事異動に対してわざわざ御礼を言いに行く」という感覚がよくわからなかったのです。

今なら、わかります。私は、能力や実績によって抜擢されたのではなく、「直接一緒に仕事をしたこともない偉い人と何度か飲みに行って酒の席で気に入られたから」、出世の切符を手にすることができたのだと。

キャリアは、綺麗ごとだけでは勝ち残れません。ビジネススキルだけで生き残ることもできません。

ある意味で、「権力者に気に入られる政治力」も、大切なビジネススキルの一つです。社内での出世を本気で目指すのであれば、こういった本来の仕事以外の活動にも手を抜かず、全力で取り組むべきです。

47 何を言うかより、「誰に言わせるか」

　行動心理学の権威として知られる、米シンプソンズ科学技術大学のオトカナーキ教授の最近の実験結果によれば、料理の試食会でまったく同じメニューを出して、「超有名レストランのフレンチシェフが作りました」と称したグループAと、「最近脱サラして未経験で飲食店を開業したばかりの人が作りました」と紹介したグループBでは、料理の味に対する評価が驚くほど変わったそうです。まったく同じ素材、調理法、味付け、盛り付けの料理であるにも関わらず、です。

　嘘です。この話は、たった今、私が作りました。そんな実験結果は存在しません。**「行動心理学の権威」「アメリカの大学の研究結果」などと聞くと、なんだかもっともらしいことを言っているような気になりますよね。**結局、話の信憑性や信頼性って、内容より「どこの誰が言っているか」の方が大事なのです。

❶ 重要なのは、「誰の発言」か

　「何を言うかより、誰が言うか」だとよく言われますが、会社員の仕事において、もっと大事なのは、「誰に言わせるか」です。

　自分の上司や上位者の名前を、上手いこと使うのです。まったく同じ報告内容であっても、単なる一担当者の意見だと言うより、部長の発言や、事業部長の発言とした方が、受け取る側が感じる重みは変わります。優秀な管理職ほど、「自分の名前の威力」を自覚しているため、部下に上手く使われることにも寛容な人が多いです。

ビジネスの世界では「好感度」がモノを言うという話と同じように、**社内の承認獲得や、商談の成約などの鍵になるのは「肩書」です**。地道に粘り強く説得するより、「肩書」を振りかざせば一発で解決ということもあります。

　私が外資系大手IT企業に勤務していた頃、当時は30代前半でいつもラフな格好をしていたので、取引先の担当者は私のことを下っ端の一般社員だと思ったのか、オンライン会議ではかなりフランクに話していました。しかし、あるとき対面の打ち合わせがあり、私の名刺に「部長」と書いてあるのを見た途端、相手が急に礼儀正しくなり、要求も通りやすくなったのを覚えています。結局は、私が話す意見の内容や妥当性より、私の名刺に書いてある「肩書」の方が、相手にとって重要だったのです。

　この事実は、感情的にはなかなか認めたくないものですが、紛れもなく事実なので、認めざるを得ません。

　正しい人の意見が通るのではなく、部長の意見が通るのです。最も良いアイディアが採用されるのではなく、事業部長が首を縦に振ったアイディアが採用されるのです。仕事とは、得てしてそういうものです。

　間違っても、「下っ端の意見でも、誰もが納得する正論をバシッと言えば通るはずだ」などと考えてはいけません。何が正しいかを決めるのは、権力者です。正しいことを言えば上手くいくわけではありません。

❶ 正論は刃物

　正論は、刃物です。正論で相手を強引に論破しようとすれば、「好感度」が下がってしまい、ビジネスは失敗します。正しい・正しくないなんて、立場が変われば一瞬で逆転しますし、いくら正しいことを言っていても、相手に共感されず、好感度が低ければ、その意見は通りません。

　正論を言うときこそ慎重になるべきですし、できれば、**自分の口ではなく、権力者の口から言わせた方が仕事はスムーズに行きます。**

48 「コミュ力」は、スキルというよりテクニック

　今さら言うまでもなく、**地上最強のビジネススキルは「コミュニケーション能力」**です。

　業界や職種に関係なく、コミュニケーション能力が低くてもできる仕事というのは、それほど多くありません。

　例えば、一人で淡々とこなす事務作業であっても、上司やクライアントからの指示内容を正確に理解して、不明点があった際に適切な質問をするためには、コミュニケーション能力が必須です。一切誰ともコミュニケーションを取る必要がない仕事は、ほぼ存在しないのではないでしょうか?

❶「自分はコミュ力が低い」は、ただの逃げ

　このとき、**「自分はコミュニケーション能力がないから…」「コミュ障だから…」**と、自分自身の性格や個性のせいにして逃げる人がいますが、逃げてもあまり意味がないのでやめましょう。**コミュニケーション能力とは、「個々が持っているスキル」というより、「誰でも身につけられるテクニック」**だからです。

　例えば、球技には上手・下手があるので、「来週の野球の試合でホームランを打て」と突然言われても、ほとんどの人は戸惑いますよね。野球経験があったとしても相当な難題です。私には絶対に無理です。

　一方で、ダイエットは誰にでもできます。人それぞれ、生まれつき筋肉質な人や太りやすい体質の人はいると思いますが、「ダイエットが絶対に不可能な人」というのは、たぶんこの世にいません。できるかどうかは自分次第です。

これと同じで、喋るのが下手な人、滑舌が悪い人などは実際にいるものの、**コミュニケーション能力自体は誰でも自分次第で身につけることができます**。単なるテクニックに過ぎないので、覚えてしまえばいいのです。

　ひとつ、具体例を挙げましょう。
　同僚との会話や、メール返信時の冒頭に、常に「ありがとうございます」と付けてください。これがあるかないかだけで、相手からの印象はガラッと変わります。どんな人であっても、感謝されて嬉しくない人はいないからです。

　上司や先輩に話しかけるときには「あの、すみません」ではなく、「先日はありがとうございました」「昨日の件、詳しく教えていただいてありがとうございました」から始めると、相手は悪い気はしません。「いやいや…」と少し照れるところから会話がスタートするので、自分がこれからする相談をスムーズに持っていくことができます。
　メールでも、「お世話になります。○○の件ですが…」ではなく、「ご連絡ありがとうございます」「ご返信ありがとうございます」から書き始めた方が、相手からの印象は良くなります。別に、心から「ありがとう」と感謝していなくてもいいのです。息を吸うように、誰に対しても一言目には「ありがとうございます」が口から出るようにしておくと良いです。

　こんなものは単なる習慣なので、誰にでもできます。難しくも何ともありません。
　しかし、効果は絶大です。このように、**コミュニケーション能力とは自分次第でいくらでも身に付けられるもの**なので、「対人関係が苦手」「喋るのが下手」とあきらめず、少しずつ改善するための努力をした方が、今後の自分にとって良い結果になります。

49 最初の１年の仕事振りで、社内評価の９割は決まる

　社内評価を手に入れるために、一つ、重要なことを書いておきます。

　それは、**現在の部署内での周りからの評価は、最初の１年程度で９割は決まってしまい、その後に逆転することはほとんどない**ということです。

　配属１年目で高い評価を手に入れた人は、その後、多少ミスをしたとしても、「あの優秀な田中君でも、ミスをすることがあるんだな」と大目に見てもらえます。あるいは、「いや、田中君があんな初歩的なミスをするはずがないから、きっと何かの間違いだろう」と勝手に良い方に解釈をしてくれます。

　逆に、配属１年目で「アイツは仕事ができない」というレッテルを貼られてしまうと、その後に多少良いことがあっても、「いつもミスしてばかりの高橋さんでも、たまには上手くやるんだな」程度にしか思ってもらえず、評価はあまり上がりません。デフォルトで「仕事ができない人」だと思われているので、何をしてもミスばかり指摘されるようになってしまいます。非常に理不尽な話ですが、実際にこういう状況は散見されます。

　つまりは、**最初が肝心**ということです。新しい会社に入社して最初の１年間、あるいは、新しい部署に異動してきて最初の１年間は、誰よりも努力して結果を出す姿勢が必要です。

　私はあまり残業やハードワークを推奨していないのですが、仕事を始めて最初の３ヶ月〜１年くらいは、多少の無理をしてでも結果を出しておいた方が、第一印象がグッと上がるのでメリットは大きいです。

上司や同僚からの信頼を早い段階で手に入れられるので、その後の3年くらい、ずっと仕事が楽になります。今後3年間トータルで楽をするために、最初は本気を出した方が良いのです。

　これは、言ってしまえば**ドーピングみたいなもの**です。何kmも続けてトップスピードで全力疾走はできないのと同じように、そのまま長く続けていると、いずれ力尽きて倒れてしまいます。ただ、最初の数ヶ月〜1年なら多少無理をしても大丈夫でしょう。最初から手を抜いてトボトボ歩いていると永遠にそのまま歩き続けることになりますが、**ここで最初だけ頑張っておけば、チェックポイントでボーナスアイテムの自転車が手に入る**ので、長距離でもスイスイ走れるようになります。ちょうど、そんな感覚です。

　逆に言うと、一度決まってしまった社内評価のレッテルは、そう簡単にはなくならないし、覆すことも難しいので、この職場ではもう頑張っても評価してもらえないな、と感じたら、**社内異動や転職などで環境を変えて、評価をリセットする**のも一つの手だと思います。

50 職場での評価を確実に上げる方法①

さらにいくつか、**職場の上司や同僚からの評価をググっと上げる超効果的な方法**を紹介しましょう。

❗ 上司が「YES」と言えば済むように質問をする

上司からの好感度を上げる方法として、最も有効なのは、**「手のかからない部下」かつ「自分を頼りにしてくれる部下」になること**です。この2つはやや矛盾するようですが、とても重要なことです。

管理職は基本的に一般社員よりもはるかに忙しく、多くの業務に追われているので、一から十まで教えないと動けない「指示待ち」タイプの部下は面倒で仕方がありません。

一方で、部下が優秀すぎて上司を無視して仕事を進めてしまうと、管理職としてのメンツがつぶれるため、可愛い部下だとは思えません。上司の許可を取らずに勝手に進めた、などと思われてしまうと、いくら結果を出していても「プロセスに問題があった」という悪い評価になってしまいます。この点は、注意が必要です。

あくまで上司を立てて、自分の工夫や努力によって出した成果であっても、**「上司の指示があったから動けた」「上司の判断のおかげで成功した」**と、建前だけでもいいので、そういう形にしておいた方が良いです。

手がかからず、細かく面倒を見なくても次々に成果を出してくれる部下は、上司にとって都合が良い一方で、あまりにも優秀で自分の株を奪ってしまうような部下だと、嫉妬を買ってしまい、気に入られることができません。要所要所で「上司の確認を取った」「上司の指示を取り入れた」という既成事実を作っておいた方が、仮に失敗したときにも上司側の管理責任として処理されるので、何かと有利になります。

　もちろん、だからといって、上司におんぶにだっこで何でもかんでも頼っていると、評価は下がります。
　このときの効果的な解決策は、**上司が「YES」と一言だけ言えば済むように質問をすること**です。

　　悪い例　あの件、どうすればいいですか？
　　良い例　あの件、こういう形で進めようと思いますが、よろしいでしょうか？

　　悪い例　A案とB案、どちらにすべきでしょうか？
　　良い例　A案とB案を検討した結果、○○○○という理由からB案を採用しようと思います。もし何か懸念事項があれば、ご教示いただけますでしょうか？

　このような仕事の進め方をすれば、上司に判断を仰いだという既成事実を作りつつ、上司自身の手間はほとんどかけずに済むので、印象は非常に良くなるはずです。

51 職場での評価を 確実に上げる方法②

❶ 業界情報や社内情報を、積極的に共有する

　自発的に、インターネット上で見つけた競合他社のニュースや業界ニュースなどを、チームメンバーに随時共有する癖をつけましょう。みんなが把握しておくべき重要な情報、仕事に関係しそうな面白いニュースなどを、「FYI.」「ご参考まで」などとつけてサッと共有するだけでいいです。

　会社関連のニュースをチェックするのって、全社員が当たり前に習慣としてやるべきことはあるのですが、実際には、ほとんどの人は怠惰なので、そんなに一生懸命メディア記事などを追ってはいません。

　この状況下で、「いつもＡさんがニュースを共有してくれる」という印象づけができれば、**「あの人は○○に関する情報通だ」という社内評価**が徐々に出来上がります。そのニュースを簡単に一覧にまとめるだけでも、ちょっとした社内コンテンツになります。もちろん、無益な情報を送りまくると逆効果になるので、取捨選択は必要です。ニュースをシェアするだけでなく、自分なりにちょっとした分析を加えると、さらに良いでしょう。

　そのメールが、さらにメンバーの誰かから他部署に転送されたりすると、自分の社内での評判をより上げることになります。

　これほど簡単に誰でもできて、ほぼリスクゼロ、かつ効果的なチームへの貢献活動はないと思います。

❶ 個人的な意見ではなく、会社としてどうすべきかを述べる

会議や商談、メールでのやり取りなどで、意見を求められたときには、**「個人的には、私はこう思います」という答え方をするのは今後一切やめましょう。**

こういう物言いをする人は意外なほど多いですが、「個人的には…」という前置きは、「それが結論だと言っているわけではない」「一人の意見に過ぎない」という予防線を張る行為だと思います。

しかし、これでは結局、いくら意見が出ても、結論にたどり着きません。仕事である以上、「個人の意見」は必要とされておらず、**「会社としてどうすべきか」「部署としてどうすべきか」**を決めないと、議論が終わりません。

例えば、これがブレインストーミングなどの場であれば、「個人の意見」でもそれほど問題はありません。

ただ、仕事のほとんどは単なる「意見交換」だけでは終わらないので、組織の意思決定プロセスにおいて明確な貢献ができないと、自分の社内評価は上がりません。

「個人的にこう思う」ではなく、「部署としてこの選択をすべきだ。その根拠は…」という視点で最初から話ができる人は、周りから頼りにされ、仕事ができる人だという印象を作ることができます。

52 職場での評価を 確実に上げる方法③

❗ 常に60〜70点を取れる人材を目指す

　上司にとって「仕事を任せやすい部下」というのは、**「普段はパッとしないが時に120点を叩き出す人材」**ではなく、**「だいたい何をやらせても60点を取れる人材」**です。

　ユニークな才能を持った天才タイプというよりは、常に平均点を上回るバランスが良いタイプの人ということです。これは、「オールラウンドの秀才タイプになれ」という意味ではないので、あまりハードルを上げすぎなくて大丈夫です。

　常に90点を取る必要はありません。「60点以上」で十分です。

　実際、管理職になってみると、「たびたび100点を取ることもあるけど、致命的なミスをして20点しか取れないときもある」という人材は、なかなか安心して仕事を任せることができません。

　細かく進捗を確認しておかないと、「今回は100点か？ それとも20点のパターンか？」と、内心ハラハラしてしまいます。

　また、仕事とは、すべての業務で毎回100点を取る必要は実はそれほどなかったりして、**「60点のクオリティで十分な仕事」**が現実的にあります。むしろ、そういう仕事の方が割合的に多かったりします。

例えば、「絶対に負けられない商談」であれば、当然100点を取ること
が求められますが、社内のプレゼンテーションや、報告資料作成、エラー
チェックやプロセスを回す仕事などであれば、必ずしも100点を取れな
くても、「社内承認が降りればOK」「会議が問題なく無事に終わればOK」
ということも多々あります。

　こういった雑多な仕事をすべて笑顔で引き受けてくれて、90点や100
点は取れずとも、毎回必ず60点か70点を出せる人材というのは、エース
プレイヤーではないにしても、部署内に絶対に必要な人材として、上司か
ら可愛がられます。戦略的にこのポジションを狙っていくと、誰よりも仕
事ができる秀才タイプではなくても、人材として非常に高い評価を得るこ
とができます。**凡人の生き残り戦略**としては、かなり有効です。

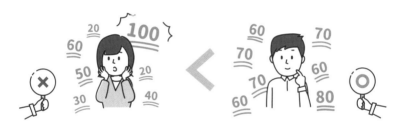

100点を叩き出せる部下より、
毎回60点以上取れる部下の方が仕事を任せやすい

　ちなみに、SNSなどでよく言われている**「結論から先に話せ」「メール
はすぐに返信しろ」「20%できた時点で一度上司に報告しろ」**みたいなビ
ジネスのテクニックは、正直言って、あまり使えないです。

　結論から言わない方が良いケースも世の中にはたくさんありますし、す
べてのメールに即レスしていたら、ただ残業が増えるだけです。こういう
一見わかりやすいテクニックは実はあまり役に立たないので、思考停止で
飛びついて真似をしない方が良いでしょう。

53 | 仕事は、感情的になったら終わり

ここで、「一番やってはいけない働き方」についても触れておきます。

　何かというと、「感情的になること」です。仕事において、自分の個人的な感情を発散させるのは最も意味のないことです。仕事は、感情的になった時点で終わりです。

　たいていの場合、同僚や取引先は別に友達ではないので、わざわざ好き好んで一緒に働いているわけでもなければ、意気投合して一緒に人生を賭けた事業に取り組んでいるわけでもありません。

　仕事上の関係性とは、もっとドライであるべきで、個人の感情は、できる限り切り離す努力をしないといけません。

　ただでさえ、もともと人間は「感情的な生き物」なので、つい感情が顔を出してしまうものです。その感情を抑えきれず、仕事の場で他人に見せてしまったら、人前で泣き出す子どもと同じレベルです。

　この、極々簡単な事実を理解できていない人が結構な数います。

　私が過去に在籍していた大手有名企業でも、たくさんの部下を持つ管理職であるにも関わらず、突然メールで怒りを爆発させる人がいました。

　対面の議論で白熱してしまったということなら、まだ百歩譲って気持ちはわかります。しかし、メールは送信ボタンを押す前に一度考えられます。メールでブチ切れるというのは、社会人としてあまりに幼稚すぎます。

当然、周囲からの印象は悪くなりますし、会社員として社内で生き残るために最も重要な「好感度」が下がってしまいます。最悪、「パワハラだ」と言われて、処分される結果にもなりかねません。

もしかすると、「個々の感情をぶつけ合うのが良い職場だ」という、熱意とパッションにあふれる人もいるのかもしれませんが、今はもうそんな時代ではありません。仕事に対して真剣に向き合うことと、感情的になって怒りや悔しさを表に出すことはちがいます。

❶ 感情を直接ぶつけるのはハラスメント

個人的な感情を誰かに押しつけるのはハラスメントであり、最もムダで、コスパの悪い働き方だと言えます。

個人の想いではなく、会社としてやるべきこと、組織としてやるべきことに冷静に対処するのが仕事であり、プロのビジネスパーソンとしての行動です。

だからこそ、私たちには会社から給料が支払われています。会社員としてではなく、個人的にやりたいことを好き勝手に感情に任せてやりたいのなら、起業して、自分が従業員全員に給料を払う側に回るべきです。

仕事において、どうしても納得できないこと、理解できないこと、許せないことがあるのはわかります。そういう負の感情は、仕事を進める中で確実に出てきます。しかし、その感情を、上司や部下や同僚や取引先にストレートにぶつけてしまうのは、自分自身の弱さです。

どうしても納得できない、こんな職場では働きたくないと本気で思うなら、部署異動の希望を出すか、他の会社に転職するか、もしくは、独立してフリーランスとして生きる道を選びましょう。その方がはるかに建設的です。

54 配属ガチャよりも 100倍恐ろしい上司ガチャ

仕事の評価を決めるのは「好感度」である、と書きました。そして、この「好感度」を上げるべき対象として重要なのが、直属の上司です。

上司との関係性というのは間違いなく、会社員の悩みの代表格でしょう。「上司との相性」だけで、出世のスピードや、人事異動の希望が叶うかどうかなどは大きく変わってしまいます。

人それぞれ相性があるので、どんな上司でも自分次第で上手に付き合えるのかというと、現実には結構難しいです。

- ▶ 自分は、論理的に情報を整理してじっくりと仕事を進めたいタイプだが、上司はとにかく早く結果を求めるタイプの人なので、今の仕事のやり方ではどんなに努力しても評価されない
- ▶ 自由に伸び伸びと仕事をやらせてもらえれば結果を出せる自信はあるのに、上司があまりにも細かくマイクロマネジメントをしたがるので、度々進捗が止まってしまい、一向にタスクが片付かない
- ▶ 上司が酒好きで、飲み会のお供をする部下のことは可愛がって評価するが、飲み会に来ない部下のことは、たとえ仕事で成果を出していても評価しない傾向にある

こういう話って、そこら中にあふれています。上司が悪いわけではないですし、自分が悪いわけでもないのですが、個人的に相性が悪いと本当に苦労します。

基本的に、「オジサンの身体はメンツでできている」ので、たとえ1mmも思っていなくても「あの件、課長のサポートのおかげで成功しました！本当にありがとうございました！」などと、わざとらしくヨイショしてみたり、別に上司の助けなんて必要としていなくても、頻繁に助言を求め、上司に「自分は部下から頼られている」という充実感を与えてあげたりすることも必要です。

こういう努力って、気持ち悪いと思う人もいるかもしれませんが、仕事をスムーズに進めるためには必要なものですし、昇進や人事評価といった自分自身のメリットのためにも重要な要素です。極めてアホらしいですが、決して無意味ではないです。

もちろん、自分の努力以前に、**「上司自身がヤバくてまともに付き合えない」**こともあります。

- ▶ 大事な会議中、ずっとスマホゲームに熱中していたのに、終わった後に「あそこがダメだった」「お前が悪い」などと上から目線でミスを指摘する上司
- ▶ 部下からの真剣な相談メールに対して、「ggrks(ググレカス)」とだけ返信する上司
- ▶ ほぼ毎日、仕事中に会社を抜け出して、不倫相手と遊んでいる上司

全部、私が過去に見た管理職の実話です。いま思い出しても、なかなかに度を超えています。

こういった、明らかに「上司本人がおかしい」という場合は、素直に、もっと上の管理職か人事部に訴えるか、異動や転職などを検討した方が良いです。我慢を続けても、報われることはありません。

55 上司や人事の「期待している」を信じてはいけない

　上司との関係性の中では、**「君には期待している」**と励まされることもあるでしょう。

　もしかしたら、「同世代ではトップクラスの仕事の出来だと思っている」「社内のロールモデルになれる人材だと評価している」など、かなり強い期待の言葉をかけられている人もいるかもしれません。

　ただし、こういった誉め言葉は、あまり鵜呑みにしてはいけません。

　古今東西、あらゆるリーダーシップ指南書やマネジメント理論書には、「部下の褒め方」が書かれています。部下へのフィードバック手法のみをひたすら語っている本まであるくらいです。管理職はみんな、こういう本を読んで、頑張って部下を褒めようと努力しています。

　一昔前であれば、「褒めて育てる」タイプの上司と、「怒って育てる」タイプの上司がいたかもしれませんが、現代は基本的に前者しかいません。部下を怒って育てようとすると、最近ではすぐに「パワハラだ！」と大騒ぎされて責任問題になるので、管理職側もかなり慎重です。

　そして、巷にあふれているマネジメント理論では、よく**「結果ではなくプロセスを褒めろ」**と書いてあります。仕事の結果だけをストレートに評価すると、成果がまだ出ていない部下のモチベーションが上がらず腐ってしまうので、結果を出していない部下に対しても「努力したプロセス」を褒めてあげよう、ということです。

この話は一見もっともらしく思えますが、会社経営の視点からすると少しおかしいです。会社が社員を雇っているのはビジネスの拡大のためであり、本来、プロセスだけ抜き出して賞賛すべきではありません。「頑張ったね」「すごいね」と過程を褒めるのは子育てでは有効かもしれませんが、部下の教育には適していません。

　しかし、ほとんどの管理職は、どうやって部下のマネジメントをすべきか、あまり理解していません。日々勉強しながら、手探りでメンバーの指導や教育をしています。そもそも何も考えていない管理職もいるでしょう。

　この状況で、「君には期待している」「将来有望だと思っている」などの言葉は、実は、非常に便利です。すでに成果を出している部下にも、まだ結果を出していない部下に対しても、万能に使えます。仕事の「成果」だけを褒める場合、成果を出していない部下を褒めるわけにはいかなくなります。一方、「期待している」であれば、全員に遠慮なく言えます。「君には期待している」という言葉は、本心で期待しているから言っているのではなく、そう言っておけば無難だから言っているのに過ぎません。

　もし本当に期待しているなら、「来年の昇進試験、受けてみないか？」「実は大型の新規プロジェクトがあって、そこに君を推薦しようと思っている」などと、上司も具体的な行動で示すべきです。

　そして、本来は、成果を出していない部下に対して「期待している」などと口を濁さず、次回どうやったら成果を出せそうか、今回何が失敗要因だったのか、改善できることは何かなどを具体的に考えて伝えるべきです。

　上司や人事部などの評価者から発せられる「期待している」という言葉は、たいていの場合、上辺だけのものなので、変に勘違いせず、具体的な行動を見て、本当に自分が評価されているか考えましょう。

56 上司より優秀にならないと、管理職には上がれない

「管理職になりたければ、上司の仕事を奪って自分でやれ」と主張している人をたまに見ます。私は、それは少しちがうんじゃないかな、と思います。

すでに述べた通り、上司の手柄まで奪ってしまっては、上司から好かれることはありません。あくまで、管理職のメンツを立てて、自分は部下の一人に過ぎない、という立ち振る舞いが必要です。

❶ プレーヤーもまた、「プレーヤー」という役を演じている

マネージャーは、人間的に上に立っているわけではなく「マネージャー」という役を演じているだけだ、と書きましたが、実は、プレーヤー（一般社員）側も同じです。

プレーヤーは、自分の仕事として「プレーヤー」という役を演じているだけです。個人的に上司が好きか・嫌いかという感情ではなく、「部下としてどう振舞うべきか」を考えて、部下として正しい行動を取らないと、上司からは決して評価されませんし、社内昇進の道も手に入りません。

実態として、課長の仕事の中身の大半は、部下の担当者がやっていることが多いのではないでしょうか？

課長がプレゼンする資料のパワーポイントを課長自らゼロから作っているというケースより、まずは部下がドラフトを作り、それを課長が修正して完成させ、プレゼン本番に臨むというケースが多いはずです。

同じように、部長の仕事の大半は、部下の課長がやっていますし、事業部長の仕事の大半は、部下の部長がやっています。実は、そうやって会社は回っています。

　私も、まるでゴーストライターのように、上司である営業課長が他部署の部長に送るメールの下書きを書いたり、上司である事業部長がメディア向けに発表するパワーポイントをすべて自分で作ったり、といった裏方の仕事を今まで散々してきました。

　そして、驚くべきことに、その一連の流れは、**自分が管理職になった後もほとんど同じ**でした。

　私は、前職の外資系大手IT企業では部長クラスの役職に就いていましたが、部長であっても、執行役員（ヴァイスプレジデント）が社長に報告するための資料を代理で作ったり、執行役員からアメリカ本社の有力関係者に送るためのメールのドラフトを書いたり、という仕事を日々していました。

　当然、執行役員は忙しいので、いちいち長文メールなどを打っている暇はないのですが、あまりにも酷いドラフトを出すと「執行役員名で出すメール」として恥ずかしいものになってしまい、メンツが立たなくなってしまいます。なので、代筆の下書きとはいえ、下っ端の新入社員などに任せるわけにはいかず、部長クラスが真剣に書いていたのです。

　作成資料も、表向きには、「執行役員が提出した資料」として扱われます。そのため、その資料に書いてあることの責任を取るのは執行役員です。

　ただし、実際に作っているのは私で、役員は最終チェックのみ、ということは多々ありました。ある意味、信頼して仕事を任せてもらっていた、という捉え方もできます。

**　結局のところ、こうやって自分の上司の仕事を直接的に「奪う」のではなく、「黒子として代わりにやる」「上司から見て文句のつけ所もないくらい、その仕事を完璧にこなす」ことができないと、さらに上のレベルには昇進はできないのだろうな、と実感しました。**

57 プレーヤーからマネージャーへの移行期に陥りがちな罠

　一般社員から管理職に上がる際に、最もやってしまいがちなミスが、**「全部自分でやろうとしてしまうこと」** です。

　しかし、当然ですが、部下を信頼して仕事を任せることができないと、いつまでもプレーヤーのままで、マネジメントとしての仕事はできません。

　最近では「プレイング・マネージャー」みたいな話もよく聞きますが、これは実際、あまり良いマネジメントの形ではないでしょう。

　まるで、サッカー日本代表の監督として采配をして、メンバーを選抜したうえで、スタメンの一人に自分自身を選んで自らドリブルしてゴールを決めにいくようなものです。仕事の評価者は自分、指示を出すのも自分なのに、自らオイシイところを持っていくような上司は、確実に部下から嫌われます。

　仕事を全部自分でやろうとしてはいけないですし、部下を信頼して任せることができないなら、管理職には向いていません。
　部下は、自分のコピーではないからです。

　私の知っている新任管理職の一人に、「そりゃ、俺が5人いた方がスムーズに行くに決まってるが、俺は1人しかいないんだから仕方がない。部下に仕事を振ってやっているんだ」と豪語する人がいました。言うまでもなく、「俺が5人いた方がいい」と思う人は、管理職にはならない方がいいです。実際、その人の部下は、その後、全員会社を辞めてしまいました。

管理職の仕事は、仮に自分が5人いても決して到達できないレベルの大きな成果を、チーム5人の総力で出せるかという「指揮官のゲーム」です。部下は、自分のコピーではないからです。

これは、能力やスキルセットだけの話ではありません。

　仕事にやりがいを求めていない部下もいます。定時退社が何より大事な部下もいます。昇進したいとも成果を挙げたいとも思っていない部下もいます。何度言っても指示を守らない部下もいます。

メンバーみんなが、自分のプレーヤー時代と同じように考えて行動しているわけではないのです。

　もっと言うと、現実には、「早く会社を辞めたい」と思って現在転職活動中の部下もいるでしょう。「定時退社して副業で稼ぎたい」と思って、本業はそこそこの力でやればOKと思っている部下もいるでしょう。この本の最初のYES/NOチャートでたどり着いたタイプが、「社内の出世」ではなかった人たちです。

❶ 部下の大半は、自分とは異なるタイプだと認識する

　思い出してください。会社員全体の8割は、管理職に昇進したいなんて思っていないのです。部下のほとんどは、管理職になった自分とは異なるタイプなのです。

　部下が転職活動をしていたとしても、それは本人の自由です。部下が毎日定時退社して副業に精を出していたとしても、本人の自由です。業務を滞りなく片付けている限り、転職活動や副業をしているからといって低評価をつけるわけにもいきません。業務時間外に何をしようと、会社が口を出すことではないからです。

　こういった部下の行動を感情的には許せないとしても、それはそれ、とドライに割り切ることができないと、管理職として長期的に生きていくのは難しいでしょう。

第3章

58 自社の「昇進のための条件」を把握する

管理職になるためには、それぞれの会社ごとに **「昇進の条件」** があります。

条件が緩い会社もあれば、非常に厳格な会社もあります。それぞれの企業の人事制度や経営方針によって、この辺りは大きく異なります。

- ▶ 最低3期以上連続で人事評価「A」を取った後に、昇進試験を受ける
- ▶ 直属の上司に加え、2人以上の管理職の推薦書を取りつける
- ▶ 次期リーダー研修で成績トップに入り、限られた「管理職候補枠」を勝ち取る必要がある
- ▶ 昇進条件の一つとして、TOEIC 800点以上を取得する
- ▶ 課長昇進の前提として、最低5年以上の係長職での実務を経験する

こういった内容です。

これらは一部の例ですし、詳細な条件は各々の会社によってちがいます。また、こういった「管理職昇進のために必要な要素」は、一般社員には明かされていないことも多いです。

まずは、次期管理職候補として認められるだけの成果を挙げる、直属の上司の「好感度」を上げて昇進試験の土俵に上げてもらえるようにする、などといった地道な努力が必要でしょう。

また、注意点として、実は明文化されていない **「暗黙のルール」が存在する** 場合もあります。

▶ どんなに人事評価が良くても、35歳以下では管理職にはなれない

▶ 同じ部署内で年次が上の先輩がいる場合、管理職候補の推薦はもらえない

▶ 残業が多くハードな営業部の管理職は、実質的に男性社員しか候補には挙がらない

　これらは完全に「年齢差別」「男女差別」なので、人事制度上のルールとして明確に記載されることはありませんが、実態として、このような運用傾向がある会社は多いはずです。

　私の友人が働く日系大手企業では、数年前に「年功序列人事制度」を完全撤廃し、新しく「職能主義型の人事制度」を導入しました。しかし、その友人はあるとき、上司にこう言われたそうです。

「ごめんな…。お前は本当によくやってくれているし、成績も申し分ないんだが、『係長』のままだと、これ以上の昇給はできないんだ。
**　それに、ウチの井上と吉田、あいつらがまだ『課長』に上がってないから、お前を先に『課長』に昇進させるわけにもいかなくてな。いや、本当にすまない。耐えてくれ」**

　これが「職能主義型の人事制度」だというのだから、とんだ茶番です。
　もちろん、「先輩より先に昇進はできない」なんて人事制度の規定は存在しないはずですが、会社全体の雰囲気や、暗黙の了解によってこういった運用になっている会社は実際にあります。
　まずは、自社の「昇進の条件」を知り、できれば上司経由で「暗黙のルール」についても探っておきましょう。勝利条件がはっきりしなければ、戦略を立てることさえできないのですから。

59 昇進には、例外的な「裏技」がある

　一つ、**正攻法以外で管理職になる手段**についても、紹介しておきましょう。

　前のページで述べた通り、管理職昇進には色々と条件がありますし、明文化されていない「暗黙のルール」があったりもして、自分の努力だけでは何とかならないこともあります。

　例えば、「管理職は原則として35歳以上」という運用をしている会社の場合、30歳の人には何をやってもチャンスがないことになってしまいます。この運用の是非は置いておいて、そういったルールで動いている会社に所属している場合、どんなに頑張っても、あと5年間は管理職にはなれません。

　ただし、実は、**管理職のポジションを手に入れる抜け道**というか、裏ルートのようなものが存在していることがあります。

　どこの会社にもあるわけではありませんが、こういった道を探すという手段も一応あります。

　例えば、私は26歳のときに、日系大手メーカーの海外駐在員として中国の上海支社に赴任したのですが、日本の本社では「役職なし」の平社員だったのにも関わらず、**上海現地では「課長」という肩書**になりました。

　これは、**親会社の「平社員」は子会社に出向すると「管理職クラス」に相当する**、という謎の社内ルールによるもので、私自身もまったく意味はわからないのですが、上海勤務時代は6人の中国人現地社員の部下を持ち、マネジメントの経験も積むことができました。

もちろん、本社に戻れば私は「平社員」に戻って、管理職の職位はほんの数年ではく奪されてしまう一時的なものなのですが、**「マネジメント経験あり」という経歴が手に入る**ことに間違いはありません。会社の外から見れば、20代にして立派な「管理職経験者」です。実際に、中国人部下の人事評価や採用にも関わっていたので、（日本国外の実務ではあるものの）経験値としては確かなものです。

　同様に、国内子会社の場合でも、大企業グループでは子会社に出向すると職位が上がるケースがあり、地方支店や主要ビジネス以外の事業などの子会社に出向することによって、管理職の実務経験を積める可能性はあります。これは、長期的に親会社側での出世を目指すうえでは必ずしもプラスにはならないかもしれませんが、「ピープルマネジメントの経験を積みたい」という目的であれば十分に機能します。

❗ 形だけでも、「管理職経験」はあった方が良い

　そして、重要なのは、どんなプロセスであれ**一定年数の管理職経験がある人は、転職するときにも管理職として採用される可能性が高い**ということです。一方で、管理職経験がまったくない人が、転職後にいきなり管理職として採用される可能性は極めて低いです。ほとんどゼロでしょう。何でもいいから「マネジメント経験あり」という実績を手に入れておくと、後々良いことがあります。

　逆に言うと、現在社内での出世を目指している人にとっては、**このように「正攻法」以外の手段で、外からの出向者や転職者に管理職ポジションを奪われてしまう**ことも多々あります。同一ポジションであっても、社内昇進で上がるより中途採用で入社する方がハードルが低い、というケースも結構あります。

　だからといって何か対策ができるわけではないのですが、一応、参考情報として覚えておくと良いでしょう。

60 管理職にならずに高年収を稼ぐ方法

　この章の前半で、「非管理職の約8割は、管理職に昇進したいと思っていない」「その理由として一番大きいのは、自分は管理職に向いていないという適性の問題」という話をしました。

❶ 自分は、管理職に向いている？

　あなたは、自分が「管理職に向いている」と思いますか？

　おそらく、ほとんどの人は「向いていないと思う」「わからない」と答えると思います。小学生や中学生の頃に、学級委員長や生徒会長に立候補する人は、かなり稀だったでしょう。ほとんどの人は、自分からリーダー役になりたいと手を挙げることはありません。

　人の上に立つリーダーになりたいと、心の底から望んでいる人ってそんなに多くはないはずです。

　そもそも、日本の学校教育では全体的に、「競争を糧に人の上に立つべき優等生を育て上げる」というより、「一人一人の個性を活かしてみんな横並びでのびのび」という傾向が強いので、生徒会長や管理職になりたいというタイプの人はなかなか自然には出てきづらいです。

　現役の管理職の人も、ほとんどは「どうしても管理職になりたいという強い意志があった」というより、「会社から昇進の辞令が出たから」「昇進する以外に給料を上げる手段がなかったから」などが実情でしょう。

すでに紹介した、日本能率協会マネジメントセンターの最新の調査では、**現役管理職の人たちでさえも、全体の約4割が「もともと管理職になりたいとは思っていなかった」**という旨の回答をしています。

私自身も、過去に3つの会社で管理職の経験がありますが、正直言って、自分には、部下を持ってチームマネジメントの仕事をするのは向いていないと思いました。管理職というポジションを任されたのは有難いことではありましたが、それほど嬉しくはありませんでした。

そして、私は最近、「管理職のキャリア」をあきらめました。管理職として何年か働いてみて、やはり向いていないと思ったし、プレーヤーの仕事の方が、ストレスが少なくて楽しいと思ったからです。

普通、こういう人は出世が止まり、お金を稼げなくなってしまうパターンが多いのでしょうが、自分の身を置く場所によっては、そうとも限りません。

例えば、**外資系企業で専門職（スペシャリスト）として働けば、部下を持たなくても年収1,500万〜2,000万円程度は普通に稼げます。エンジ二アなどであれば、もっともっと稼げる**と思います。

また、**副業で本業と同じくらい稼げるようになれば、管理職にならなくても年収を上げ続けることは十分に可能です。**実際、私は管理職の仕事を避けつつ、その辺の大手企業の上級管理職よりもずっと上の年収を稼いでいます（副業で副収入を得る方法については、第5章に詳しく書いています）。

もちろん、管理職になりたい人はなればいいと思いますが、実は、キャリア成功の道は「管理職として出世すること」だけとは限りません。

「向いていない」と思いつつ人の上に立っても、自分が不幸になるだけですし、組織にとっても、部下にとっても不幸だと思います。向いていないことは、やらなくて良いのです。

タンバリンも実力のうち

　もうずいぶん前、某日系大手メーカーで働いていた頃の話だ。

　花形部署だと名高い、本社「海外営業部」で働いていた私は、新卒４年目、26歳にして同期第一号で「海外駐在員」の切符を手に入れた。

　日系グローバル企業にあまり馴染みのない人にはわからないと思うが、「海外駐在員」というのは、社内では完璧に出世コースに乗っている会社の１軍グループであり、エリート集団である。

　それも、そのはず。海外駐在員になると、今まで毎月もらっていた月給のほかに、「現地給与」というものが赴任現地の通貨で支払われるので、単純に給料は約２倍になる。駐在員は維持コストがバカみたいに高いので、会社側から見たら、エース級社員を投入するくらいじゃないと割に合わないのだ。

　どこの国・地域に行くかによって「ハードシップ手当」というものが設定されており、簡単に言うと、生活がキツイ国であればあるほど、給料が高い。危険で不衛生な場所であればあるほど、給料が高い。とにかく高い。しかも、たいていの場合、「海外駐在員」には運転手付きの車が与えられたり、全額会社負担で一等地のタワマン高層階に住めたりと、とにかく破格の待遇なのである。

　もちろん、実際にどのくらいの待遇を与えられるかは、業界や会社の規模、経営や人事の方針などによって千差万別ではあるものの、普通に国内で働いている社員と比べれば、段違いの好待遇だ。

　そうさ。会社員にとっては、海外駐在は、一攫千金のチャンスなんだ。

　話はこれでは終わらない。一体なぜ、私が26歳という若さで「海外駐在員」に選ばれたと思う？　歴戦の先輩たちが順番待ちをしていて、その数少ない椅子をギラギラした目で狙っているというときに、なぜ、高学歴でもないズバ抜けた能力もない私なんかが、当時「社内最年少の海外駐在員」に選抜されたと思う？

　タンバリンさ。タンバリンを叩いて踊ったんだ。あるときの宴会で。執行役員の目の前で。一心不乱に。夜のアゲハ蝶のように。

　本当の話だ。「タンバリン芸」で海外駐在が決まった。

　言っただろ？

　会社員っていうのは、能力よりも「好感度」が大事だし、「権力者」が下した結論がすべて正しい。「タンバリンも実力のうち」ってね。

第4章

転職のルール

本書冒頭のチャート診断結果 ＝ Ｄ：旅人タイプのあなたは、自分の能力や経験に自信があり、ある程度のリスクを取ってサバイバルを勝ち抜く覚悟があります。一匹狼的な性格ではあるものの、組織の力を利用し、会社の看板を背負って働きたいという志向もあるので、転職でキャリアを強くしていく道が比較的良さそうです。転職活動は、正しいやり方できちんと準備をすれば、決して難しいことではありません。そして、あなたのキャリアを一気に数段階上へ引き上げてくれる、大きなチャンスを秘めています。

61 2人に1人が「転職」を 経験している時代

　転職が特別なこと、珍しいことだと言われる時代は、すでに終わりました。一昔前の日本では、「定年退職まで一社で勤め上げるのが偉い」「転職しないで済むならそれに越したことはない」など、転職をネガティブに捉える人が大多数でしたが、その傾向はかなり薄れてきたと言えます。

　リスクモンスター株式会社が2021年に公表した「転職事情に関するアンケート調査」では、20代〜60代の社会人男女500人のうち、過去に転職の経験がある人が56.6％、経験がない人が43.4％という結果が出ています。つまり、近年では**2人に1人以上の割合で転職を経験している**ことになります。

❗ 転職すると、年収が下がる？

　「転職すると年収が下がる」といったイメージも、もはや過去のものです。厚生労働省の「令和3年上半期雇用動向調査」によると、転職後に給与が減少した人・増加した人・変わらない人の割合はいずれも3割程度で、ほぼ均等です。また、年代別にみると、**20代、30代、40代のすべてで、転職後に給与が「減った人」よりも「増えた人」の割合の方が明らかに多い**ことがわかります。転職によって年収が下がる可能性が高いのは、50代以降の話です。

　逆に言えば、50代になってからリストラや企業倒産などのリスクに晒されて転職を考えても、そこから年収水準を上げるのはなかなか難しいため、**給料を上げたいと思うなら、上がりやすい傾向のある40代までにできるだけ上げておいた方が良い**のではないでしょうか。

少なくとも、転職を初めから選択肢として考えもしないのは、明らかに
もったいないです。転職をすれば年収が上がる可能性が十分にあります
し、業務内容やワークライフバランスなどに関しても、理想の仕事が手に
入るかもしれません。2人に1人が転職をしている時代に、なぜ「自分に
は関係ない」と言えるのでしょうか？

　もちろん、転職で環境を変えることには一定のリスクがあります。失敗
することもあるでしょう。一方で、**転職活動をして、良い転職先があるか
どうか試しに探してみること自体はほぼノーリスク**です。必ずしも転職は
しないとしても、転職活動は一度やってみて損はありません。
　転職エージェントや企業の目から見て、自分の経歴はどのように映るの
か、どのくらいの評価を得ることができるのかなどを知るだけでも、非常
に有益な機会になります。

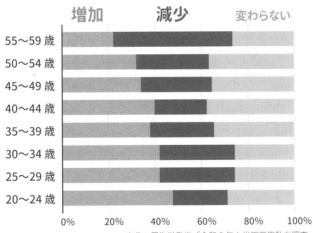

転職後の賃金は増えた？　減った？

出典：厚生労働省「令和3年上半期雇用動向調査」

20代〜40代転職者の約4割は、
転職後に年収が上がっていて、
減る人よりも増える人が多い

「転職すると年収が下がる」は
勝手な思い込み！！

62 「優秀な人材ならすぐに転職できる」わけではない

　転職について語るときに、忘れてはならないのが、**「企業は優秀な人材を探しているわけではない」**ということです。候補者の中で一番優秀な人に内定が出るわけでもありません。優秀かどうかは、必ずしも中途採用の決め手にはならないのです。

　これが、**新卒採用と中途採用の大きなちがい**です。ほとんどの人は、新卒採用と同じような気分で中途採用の面接を受けてしまい、その認識ちがいが原因で失敗します。

❶ 新卒の就活なら、「スペック」だけでも勝てる

　新卒の就職活動は、大部分が「受験」に近いです。

　自分の偏差値を見ながらＡ判定の学校を選んで受験する大学受験などと同じように、自分の出身大学の偏差値から内定の可能性がありそうな企業を選んで面接を受けるのが、新卒採用試験です。

　学歴フィルターは確実に存在するため、そもそもの学歴が弱ければ、高年収・好待遇の大手企業に入社するのは非常に困難です。

　面接でしゃべるガクチカ（学生時代に力を入れたこと）をいくら練ったところでムダです。エントリーシートを出したきり、学校名や適性検査で都合よく足切りをされて、一次面接にさえ呼んでもらえないのだから。

❗ 中途採用は、「実務経験」を厳しく見られる

　一方で、**中途の経験者採用で問われるのは、主に「実務経験」です。**

　出身企業名や役職も大事ですが、ただ単に有名企業出身者で管理職なら内定が出るのかというと、まったくそんなことはありません。

　どんな大手有名企業の優秀な人でも、その企業の採用基準を満たしていなければ、書類選考さえも通りません。逆に、中小企業出身で非管理職などであっても、その企業が募集している人材像にばっちり合う経験を持っていれば、すんなりと内定が出ることもあります。単純な「優秀さ」よりも、「募集ポジションとのマッチング」が大事だということです。

　だからこそ、転職には希望があります。夢があります。

　優秀かどうか、ハイスペックかどうかで全部が決まるわけではないのです。

　自分の経験を「誰に」「どうやって売るか」次第で、道は拓けます。

　どんな人でも、キャリアを次のステージへ飛躍させる、潜在的なチャンスが眠っているのです。

うーん、
優秀そうだけど、
同じスペックの人材は
もう社内にいるし…

そうそう、
こういう人が
欲しかったんだよ！！
ウチの会社にいない人材！

63 退職金や生涯年収は気にしなくていい

　転職を一度も経験したことがない人は、「転職すると退職金が満額もらえなくなる」「生涯年収が減ってしまうかもしれない」などと不安になって、二の足を踏んでしまいがちです。

　気持ちはよくわかります。私も、20代の頃、転職経験前にはそういった考えを多少は持っていました。

　複数回の転職を経験した後、今になって振り返ってみると、本当に転職して良かった、転職という機会がなかったら今の自分はないと、本気で思います。

　もし、新卒で入社した大手メーカーでそのまま働いていたら、私は今頃、せいぜい係長クラスで、地方への転勤を繰り返しながら、好きでもない上司のご機嫌を取って宴会芸やゴルフをしていたことでしょう。

　転職を経験したことで、私は元いた会社の役員クラスの年収を30代で手に入れることに成功していますし、フルリモートでストレスなく働き、自分の意思で自由にキャリアを選ぶことができています。

　「退職金」や「生涯年収」などを気にして、ずっと会社を辞めずにいたら、今のストレスフリーな生活はなかったですし、年収が何倍にもなるチャンスを台無しにしていたと思います。

❗ もはや、「転職しないと損をする」可能性もある

　これからの時代は、「転職した人が得をする」というより、もはや、「転職しない人が損をする」傾向になりつつあります。一つの会社で出世を目指しても、今までほど管理職の門戸は開かれていませんし、出世したとしても、過去に比べて給料は上がりづらくなっています。

　手取りの給料はどんどん減っていく見通しですし、最近では、退職金課税制度の見直しという話も出ています。

　「順調に昇進」した程度で満足していると、今後どんどん貧しくなって、生活水準を下げざるを得ない状況になるのです。

　私がもともと新卒で入った会社は、そこまでひどい環境ではなかったですし、給料もそこそこ良く、雇用も安定していたので、必ずしも転職をしなければならない必然性はなかったのかもしれません。

　しかし、「必然性がない」からといって転職を一度もしていなければ、私は今手に入れている多くのものを一生手にすることができず、ただただ、15年前の延長線上の人生を送っていたと思います。これは完全に機会損失ですし、非常にもったいないです。

　今の会社で真面目に働いて、人並みに出世したところで、もう今まで通りに「人並みの生活」を手に入れることはできなくなっています。また、将来リストラなどがあった場合は、自分が転職をしたいか・したくないかに関わらず、強制的に転職を余儀なくされる可能性もあります。

　「退職金」や「生涯年収」は、転職によって下がる可能性ももちろんゼロではないですが、転職をしなかったとしても実質的に下がっていく可能性は高いです。

　転職をすることがリスクであるのと同様に、転職をしないという選択も、また一定のリスクを取る行為なのです。

64 新卒1年目で転職をしては いけない理由

　転職には大きなチャンスがあると述べました。ただし、誰に対しても闇雲に転職を勧めているわけではありません。転職してもいいタイミング、転職してはいけないタイミングが明確にあります。

　例えば、**転職してはいけないタイミングとは、20代前半の新卒1～3年目など、社会人経験が極端に浅いうちの早期離職**です。

❗ 実務経験が乏しい人材に、転職のチャンスはない

　すでに書いた通り、転職活動は、**「実務経験」を売る**のがカギです。自分が持っている業界経験・職種経験を、それを高く評価してくれる人のところに持って行って、その人に最も響く言葉で売り込むのが、転職活動の極意です。

　どんな経験であっても、「誰に」「どうやって売るか」次第で、転職活動にはチャンスがあります。

　ただし、これは最低限、何らかの「実務経験」を持っている前提です。そして、一般的に実務経験として認められるのは最低3年程度からです。社会人最初の3年以内に転職をしても、「売り」になる経験があまりなく、人材として弱い立場なので、企業側から簡単に買い叩かれてしまいます。

　石の上にも三年、みたいな精神論で言っているわけではなく、シンプルに、新卒3年以内の人材は買ってくれる企業がほぼいないので営業活動として成立しないという、極めて現実的な話です。

無理やり転職すると、長期的なキャリアを台無しにしたり、待遇や給料などの面で大きく損をしたりする可能性が高いです。

　例えば、現状年収が250万円など、平均年収を大幅に下回っている人は、とりあえず転職をすれば待遇が改善する可能性は大いにあります。しかし、現職で年収400万～500万円程度の人は、あせって経験が浅いうちに転職するより、一定の社会人経験を積んでから転職した方が、後々の年収の上り幅は大きくなるはずです。

　もちろん、現在の職場の環境がひどすぎて、これ以上働き続けると精神的に病んでしまうなど、今後のキャリアや待遇などは気にせず、さっさと辞めた方がいい場合もあるでしょう。

　ただ、より働きやすい環境を求めての転職、年収アップやキャリアアップの転職を実現したい場合は、最低でも3年程度の社会人経験を積んでからの方が、圧倒的に結果は出やすいです。その方が、明らかに自分に返ってくるリターンが大きいです。
　社会人経験が1年か2年しかない状態で転職をしても、待遇の飛躍的な改善はあまり期待できません。

**　3年、5年と、まとまった職歴がある状態で転職活動をして自分を上手く売り込めば、中小企業から大手企業に移れたり、年収が1.5倍に増えたり、という可能性も大いにあります。**

　別に、10年、20年我慢しろと言っているわけではありません。3年か5年程度でいいです。その方が、自分にとってメリットが大きくなるはずです。

65 転職のベストタイミングはいつか？

前の項目で「新卒1年目で転職をしてはいけない理由」を書きました。

じゃあ、何年目なら転職してもいいの？　というと、一言でいえば「社会人4年目以降、自分が最も高く売れるタイミング」です。

具体的に何年目かは人それぞれの状況によってちがいますが、最初の転職は30歳前後〜30代半ば頃を目安にしておくと良いと思います。

❗ 転職の勝負はアラサー以降

私自身は新卒5年目の終わり、社会人経験ちょうど5年くらいで最初の転職をしたのですが、正直言って、タイミング的にはちょっと早かったな……と反省しています。20代の転職では、年収や待遇はほとんど上がりませんでしたし、現実的に入社できる会社も限られるため、あまり良い転職になりませんでした。

やはり、**勝負はアラサー以降です。現実的に、5年以上のまとまった経験値があった方が、キャリアアップの転職はしやすいです**。下手に早まった転職をすると、「第二新卒」枠などで買い叩かれてしまいます。

❗ 仕事が上手くいっているときこそ、転職のチャンス

あるいは、**現職の会社で高い評価を得て、昇進して年収が上がった直後に転職活動を始めるのも良いでしょう**。社内で認められているという事実は、転職先に対して素晴らしい交渉材料になりますし、社内昇進後に上がった年収よりもさらに良い条件を交渉することで、一気に待遇やキャリ

アをブーストさせることができるからです。

　大企業で海外駐在から帰国した人が帰国直後に転職するケースが多い理由の一つは、これだと思います。国内基準の給料で年収交渉をするより、「海外駐在手当」も含めた一番高いときの年収で自分を売った方が、転職先からのオファーが上がるからです。

　もちろん、大手企業で働くことや、年収・待遇を上げることがすべてではありませんが、**職種や業務内容などの希望を叶える**という視点でも、自分自身に人材としての価値がないと、なかなか希望通りの仕事は手に入りません。引く手あまたの人材は、強気で入社条件を交渉することができます。

> ▶「リモートワーク不可であれば、入社承諾は致しかねます。**最低でも週2日リモートの職場配属**でお願いいたします」
> ▶「英語を活かせる仕事がしたいので、**海外業務を担当させてください**。それ以外の担当に配属となる場合は、選考を辞退させていただきます」

　このような個人的な希望を、交渉次第でスムーズに手に入れることができます。

　一方、面接などで評価の低い人材がこんなことを言い出したら、「わかりました。では、今回はご縁がなかったということで……」と返されて即終了です。

　やはり、実績と評価があるからこそ自分の意思を通すことができるものですし、**「自分が最も高く売れるタイミング」を見極める**のが重要です。

66 自己分析は、時間のムダである

　転職活動や就職活動というと、多くの人が「自己分析」から入ろうとします。しかし、**自己分析にあまり時間をかけても、それほど意味がありません**。やっても構いませんが、1時間もやれば十分です。

　自己分析をしようと思うきっかけって、多くは、下記のようなものでしょう。

- ▶ **自分の強みが何なのかわからない**
- ▶ **自分のやりたいことがわからない**
- ▶ **自分の職務経歴をどうやってアピールすればいいのかわからない**

　ただ、この悩みは、自己分析では解決しません。

❶ 自己分析をしても、ないものはない

　なぜかというと、「自分のやりたいことがわからない」のは、**やりたいことがこれといって特に何もないから**ですし、「自分の強みが何なのかわからない」のは、**強みが何もないから**という理由に尽きるからです。

　よく転職エージェントとかが言っている、「あなただけの本当の強みを見つけます！」って、完全に嘘です。存在しない「強み」は、いくら自己分析をしたところで、ひょっこり出てくることはありません。キャリアの棚卸しをしようとしても、何も入っていない空っぽの棚からは、何も出てこないです。

❗「誰に」「どうやって売るか」

　見つけるべきは、「強み」というより、「自分の売り方」と「売るべき相手」です。

　「自分が気づいていない強み」を探すような闇雲な作業ではなく、もっと単純に、自分が今までやってきた仕事を思い出して、「どういう売り込み方ができそうか」「どこの誰なら自分を高く買ってくれそうか」を真剣に考える作業です。

　自分の強みを効果的にアピールしたい、自分に適した仕事を見つけたいと本気で思うのなら、やるべきことは自己分析ではなく、「求人票選び」です。転職サイト・転職エージェントに登録して、求人票を眺めてみてください。

> ▶ この企業なら、過去のあのときの仕事の経験を語れば評価されるのではないか？

> ▶ 今と同じ業界の仕事でも、技術営業職に転向すれば、年収が上がる転職先が結構ありそうだな。業界経験と商材経験を活かす形で、技術営業も候補に入れてみようか。

> ▶ もしかして、自分の経験は「経営企画」と言ってアピールするより、「新規事業立案」という伝え方でアピールした方が、現実的に転職できそうな会社がたくさんあるのではないか？

　このように、求人票を見ながら「その求人の攻略法」を考えることが、自分の過去の経験をどのように言語化するかという自己分析にも結果的につながります。一人でノートと睨めっこしてひたすら「自分探し」をするよりも、ストレートに「相手探し」をしに行った方が良いということです。

67 「年収が高い業界に行け」は嘘くさい

年収に関する話として、このような主張をよく見かけます。

- ▶ 年収は業界で決まるから、今の仕事を頑張るよりも給与水準の高い業界に転職した方が良い
- ▶ 高年収の人は、能力が高いわけではなく、たまたま年収の高い業界にいるだけだ

何だか夢のある話です。

年収は「能力」ではなく「業界」で決まるんだ、と言い切ってしまえば、「自分は能力が低いのではなく、たまたま業界に恵まれなかっただけなんだ」と、自己肯定感を上げられます。

しかし、この話は「かなり都合の良いことを切り取って言っているだけ」だと私は思っています。

「年収は業界で決まる」は、全体の傾向としては正しいかもしれませんが、個人のキャリアを考える際には、ほとんど当てになりません。

❶「平均年収」で仕事を選んではいけない

例えば、「IT業界は平均年収が高いから、IT業界に行けば年収が上がる」と思っている人は多く、この傾向を利用して「未経験からITエンジニアに転職して、年収1,000万！」などと謳う求人も多数あります。もちろん、これは罠です。こういう求人に引っかかって入社すると、プログラミング等のオンライン講座を受けながら、テレアポや委託販売などの単調労働を

押しつけられる日々が待っています。よくある話です。

　当然、年収は上がりません。「業界を変えよう」と、闇雲に未経験でIT業界に飛び込んでも、年収は下がるだけです。平均値でキャリアを決めてはいけません。

　日本国内の年収ランキング上位に名を連ねるのは金融や不動産、総合商社、コンサルなどですが、「東大生・京大生が選ぶ就職希望ランキング」でもほとんど同じような企業が上位に上がっています。

　みんな、「年収の高い業界に行け」なんて百も承知なので、こういう業種には優秀な人材が殺到しています。つまり、現実的には年収の高い業界ほど人気で競争が激しいので、凡人には入れないし、仮に入れても、周りが優秀な人ばかりでとてもついていけません。

　「医者の平均年収は高いから、医者になれば年収は上がる」「Googleは給与水準が高いから、Googleに入社しよう」などと言っているのと大差はないのです。

　現実的に、その業界の企業から高く買ってもらえる強みを持っていなければ意味がありませんし、自分自身にその仕事の適性がなければ、長期的に働き続けることはできません。

　「年収は業界で決まる」は、単純で誰にでもわかりやすく、希望のある話なので大衆ウケしますが、実際には、キャリアはそんなに甘くはないです。

　どちらかというと、「自分の強みが最大限に活かせる業界」「この業界のこの分野だけは誰にも負けないと言える仕事」を探す方が、個人のキャリアは圧倒的に強くなります。

68 「未経験歓迎」に騙されてはいけない

転職活動は20代の方が成功しやすい、35歳以降の転職は厳しい、ということがよく言われますが、それは完全に嘘です。もう、そんな時代ではありません。

20代の方が転職に有利というのは、「ただ転職するだけでいいなら」という条件つきです。

転職するだけでいいなら誰でもできますし、若ければ若いほど簡単にできます。ただ、そんなことをしてもあまり意味がありません。

転職先がブラックな環境でも構わない、年収が大幅に下がっても構わない、ということなら、なるべく若い方が転職はスピーディーに実現しやすいです。しかし、そんなことをしても、自分のキャリアは決して強くならないし、逆に弱くなってしまう可能性が高いです。

「新卒の就活で失敗したから第二新卒で逆転したい」という人も多いですが、ほとんどの場合、そう都合よくはいかないです。たいてい、**「未経験歓迎」と謳う求人**しか現実的に受けることができません。

未経験歓迎の第二新卒採用などだと、基本的に、待遇の良い仕事は見つかりません。また、第二新卒で活発に採用活動をしている企業というのは、ほとんどが、新卒採用では誰も応募しないような不人気で微妙な会社か、もしくは、仕事がハード過ぎて新卒の離職率が高すぎるため第二新卒で補充している、という「訳アリ」の会社です。全部がそうだとは言いませんが、割合的に、かなり地雷が多いです。

未経験歓迎の会社 ＝ 誰でも入れる会社なので、ほとんどはヤバイ環境の職場か、待遇が非常に悪いことが多いです。現職の会社がすでに最底辺で、これより下はない、と思う人は転職してもいいですが、「仕事がつまらない」「成長できない」程度で会社を早期に辞めても、あまり良いことはありません。

　「未経験歓迎」という求人はできる限り避けて、きちんと自分の経験を売れる会社に応募した方が良いです。

❶ 経験が浅いからといって、「未経験歓迎」にしか 応募できないわけではない

　実は、「未経験歓迎」と明確に記載されていなくても、ほとんどの求人は、場合によっては未経験で採用される可能性があります。また、「必須条件」「歓迎条件」などを満たしていなくても、ある程度それに近い経験を持っているというアピールさえできれば、意外とすんなり内定が出ることもあります。

　重要なのは、**自分が持つスキルをどう言語化するか？** です。

　同じ仕事内容でも、それを「企画経験」と呼ぶこともできれば、「マーケティング経験」「イベント運営の経験」などと一部の側面を切り取って表現することもできます。自分がどのような視点で売り込むか次第で、いくらでも生まれ変わります。

　「自分には大した経験がなくて…」と言う人がいますが、そもそも、ほとんどの人のほとんどの仕事は、大した経験ではありません。それを、「誰に」「どうやって売るか」の問題が9割なのです。

　企業が求める経験を持っていないから「未経験歓迎」という求人しか受けられない…と勝手に決めつけず、過去を振り返って、どの経験をどのように売れば、少しでも「近しい業務の経験あり」と認めてもらえるか、真剣に考えた方がいくらか建設的です。

69 | 自分を「誰に」 「どうやって売るか」

転職活動では、持っている経験それ自体の強さというよりも、**その経験を「誰に」「どうやって売るか」の問題が9割を占めます。**

第1章に書いた「エクスカリバー」の話です。「法務部の経験が5年あります」「A社でEコマースをやっていました」などという表面的な話ではなく、**「私の武器はこれです！」と明確に自分の価値を言語化すること、そして、それを一番高く買ってくれる相手を見つけてタイミングよく売り込むこと**、この2つができないと、なかなか理想的な転職は実現できません。

と言っても、なかなかイメージがつきづらいと思うので、第4章のここまでの話のおさらいも含めて、2段階のステップに分けて説明します。

❶ 自分が提供できる価値の「言語化」と「言い換え」

まず、大前提として把握しておかないといけないのは、**自分の過去の業務内容を表現する言葉は一つではない**ということです。

例えば、私の過去の仕事は、BtoCマーケティングが中心ですが、応募する企業が「広報やPRイベントの経験」を求めていれば、「新商品発表会でメディア向けプレゼンをした」という経験を強調して、自分には**PRイベントの経験がある**と主張します。もしくは、入社したい企業が「市場データ分析や対競合戦略の経験」を求めていれば、「商品企画職として市場分析をした」経験を強調し、**データアナリストに近い仕事の経験があるというアピール**をします。

これらは、過去の仕事のどこをどう切り取るかの問題なので、決して嘘ではありません。企業が求める人材像に合わせて、自分はその価値を提供できる人材だという根拠を過去の仕事の中から探すのです。

❶ できるだけ多くの求人票に目を通して「勝算」を探る

　いくら「企業に合わせて価値を言語化する」と言っても、何をどうやっても無理な場合も、当然あります。私は企画職やマーケティングなどの分野で経験を言語化して「再定義」することは可能ですが、例えば、金融業界のM＆Aコンサルの仕事などに応募することはできません。単純に「畑がちがいすぎる」からです。

　職種や業種が多少ちがったとしても、価値を言語化することは可能です。しかし、さすがに、あまりにも親和性がないと、いくら頑張っても効果的に言語化できない場合もあります。
　自分の経験を買ってくれそうな企業が見つからない、売り文句が思いつかずピンと来ない、というときの解決方法は、できるだけ、何百・何千という求人票に目を通して、時間をかけて熟考することです。

　過去の経験を「誰に」売ったらいいかが見えてこないとき、たいていは、その「誰か」を探すのが足りていません。転職エージェントなどを活用して、徹底的に探してください。
　実は、転職活動全体を通して見ると、「自分にピッタリ合う求人票を見つける」までのプロセスが一番大事だったりします。

70 「ニッチな分野の経験しかない」はチャンスに変わる

普段、多くの方からの転職相談を受けていると、このような声をよく耳にします。

- ▶ 狭い業界の経験しかないので、転職できるかどうか不安です
- ▶ 今まで、特定のニッチな分野の仕事しかしてこなかったので、他の会社で活かせるスキルが何もありません
- ▶ 自分の仕事は非常に特殊で、社内でしか通用しないものなので、転職してもっと汎用性のあるスキルを身につけたいです

気持ちはわかるのですが、実を言うと、「ニッチな分野の経験しかない」は決して悪いことではありません。むしろ、ビジネスパーソンとしてのキャリアは、ある程度ニッチな方が有利です。

私自身は、新卒から10年ほど、ある特定の業界にいました。転職もしましたが、ほとんどはその業界の中での転職だったので、その分野の経験を10年積んでいると言えます。この業界は非常にニッチであり、いわゆるITや自動車や電子機器といったメジャーな分野ではありません。かなり狭いところに限定された経験です。

しかし、こういったニッチな経験こそが強力な武器になるのです。なぜなら、同じ経験を持っている人が、どこを探してもほとんど見つからないからです。

Aさん	メジャーで労働人口の多いX業界での10年間の経験を持っている
Bさん	ニッチな特定分野であるY業界の10年間の経験を持っている
Cさん	X業界3年、Y業界4年、Z業界3年の経験を持っている

この中で、**最もキャリアが強いのはBさん**です。

Aさんはメジャーな業界の出身者であるため、同じ業界内で転職先や副業先を探すのは容易ですが、同様の経験を持っている人材が無数にいるため、その中の熾烈な競争を勝ち抜かない限り、自分には仕事は降ってきません。

Bさんは、ニッチな分野の経験者で、なかなか同じ経験を持つ人を探すのが難しい、**稀少性の高い人材**です。当然、この経験を求めている企業やクライアントも同様に少ないですが、それを上手く見つけることさえできれば、競合がほとんどいないので誰にも負けません。

Cさんは、3つの異なる業界での経験があるものの、いずれも短めで、かつキャリアに一貫性がないため、Aさんと比べても、Bさんと比べても見劣りしてしまいます。結果、競争力は最も低いと言えます。

狭い業界の経験こそが価値になり、その分野に興味を持つ少数の企業から見れば、喉から手が出るほど欲しい人材になります。

狭い分野の経験は、決してマイナスではありません。むしろ、それをどうやってプラスにするかを考えた方が良いです。

71 なぜ転職エージェントを 利用するのか

求人を探す際には、なるべく、転職エージェントを活用した方が良いです。 簡単な登録手順でアクセスできるようになる転職サイトではなく、きちんと担当のキャリアアドバイザーがついて面談をしてくれるようなエージェントです。

企業への直接応募でも良いのではないか？と思う人もいるでしょうが、できる限り、転職エージェントも併用した方が良いです。

理由は、主に下記のようなものです。

- ▶ 中途採用の求人には「公開求人」と「非公開求人」の2種類があり、前者は転職サイトや企業の採用サイトなどで一般に情報公開されているが、後者は転職エージェント経由でしか確認ができず、応募もできないため。

- ▶ 求人の量・質ともに、「公開求人」よりも「非公開求人」の方が圧倒的に良いため。転職サイトや企業の採用情報だけを見て応募先を決めるのは、機会損失であり、非常にもったいない。

- ▶ 優秀なエージェント担当者であれば、自分一人で考えていても到底思いつかないような「この企業、狙えそうじゃないですか？」という求人選びのアドバイスや、企業ごとに最適化された面接突破のコツなどを教えてくれることもあり、メリットが大きいため。

基本的に、転職活動を本気でやるのであれば、転職エージェントを一切利用しないという選択肢は存在しません。

私自身は、人材業界の人間でも、元転職エージェントでも何でもないので、彼らの肩を持つつもりはないのですが、現実として、理想の転職を実現するためには、転職エージェントのサポートは不可欠です。企業の採用活動の構造的に、エージェントを通して転職活動をするしか方法はないのです。

❶ 転職エージェントとの付き合い方

　ただし、転職エージェントは、**求職者は完全無料で支援を受けられる**代わりに、企業から成功報酬を得て活動しており、報酬目当てで希望していない転職先に無理やり押し込もうとする悪質な担当者もたくさんいるので、注意も必要です。

　転職エージェントは、あなたの味方ではありません。敵でもありません。取引先のようなものです。

　人となりを見て、ビジネスの相手として信頼するのはまったく構いませんが、個人的なキャリア相談の相手として信頼してはいけません。
　エージェントはあくまでお金のために働いています。この意味で、当たり外れのリスクを低減するため、**転職エージェントは複数利用するのが鉄則**です。複数の相手と付き合って比較をしつつ、信頼できる相手だけを見極めましょう。

　具体的な「良い転職エージェント」と「悪い転職エージェント」の見極め方は、次のページで紹介します。

72 良い転職エージェントの見分け方

転職エージェントは、**仕事上の取引先のようなもの**だと思って、ある程度ドライに付き合うのが正解です。

たまに、「転職エージェントの対応が不誠実で、全然面倒を見てくれない」「私の要望をきちんと聞いてくれないばかりか、途中で音信不通になってしまった」などと文句を言う人がいますが、ちょっとそれは、エージェントの担当者に対して「求めすぎ」です。

❶ 転職エージェントは、あくまで報酬のために仕事をしている

エージェントには、求職者が複数回の面接を突破して内定を獲得し、正式に転職先の会社に入社した後、試用期間を満了して本採用となって初めて、企業から報酬が支払われるというケースが大半です。この非常に長い道のりを、エージェントは「売上にならないかもしれないリスク」を取りながら求職者と付き合っています。**手間がかかるばかりでお金にならない求職者とは、できるだけ付き合いたくないというのが本音**でしょう。相手は仕事としてやっているので、当然です。

大原則として、「自分のキャリアに親身に寄り添ってくれる転職エージェント」なんて探してはいけないのです。そんな人はほとんど存在しないし、仮にいたとしても、そう見せかけているだけかもしれません。

「ビジネスではなく、あなた自身の将来のことを本気で考えてアドバイスをしているんです」などと言いだす担当者がいたら、逆に嘘くさいので、私だったらそういう人とは一切付き合いません。

下記に、**良い転職エージェント・悪い転職エージェントの傾向**をいくつか挙げておきます。

ビジネス上の相手として付き合うべきかどうか、という判断の参考にしてみてください。

良い転職エージェントの例

▶「あなたに紹介できそうな求人は現状ないので、また時期を見てご相談しましょう」、「この条件だけ妥協すれば紹介可能な求人はいくつかあります」など、現実的な提案を淡々としてくれる

▶ 面接の合否が出た後に、「何がネックで不合格になったのか」「具体的にどこが評価されて面接を通過できたのか」という企業側の評価詳細を丁寧に説明してくれる

▶ こちらから何も言わなくても、次の面接で出てくる面接官のプロフィールや人材選びの傾向、面接突破のための注意点などを細かく教えてくれる

悪い転職エージェントの例

▶ 会話がかみ合わず、こちらの希望に明らかに合わない企業ばかり紹介してくる

▶ とにかく20件応募しましょう！　書類通過率は3割以下です！などと、「量」を追及している

▶ 応募先企業のカルチャー等を質問してもほとんど答えられない、よく知らない

▶ 右から左に書類を流しているだけで、具体的には何のサポートもしてくれない

73 あなたが書類選考を通過できない理由

転職活動においては、書類選考は予選のようなものに過ぎず、あくまで面接が本番です。書類選考さえ通過できないというのは、惜しいとか、もう少しだったとかではなく、**内定の可能性ゼロでまったく見込みがないと判断された**ということです。

企業側の採用活動の実情として、就職人気の高い大手ブランド企業などであっても、毎月何百人も同じ求人に応募が来るかというと、そんなことはありません。「求める人材像」の細かい条件が多い中途採用求人は、そう簡単には埋まらず、多くの企業が採用に苦労しています。

必ずしも条件をすべて満たしていなくても、ほんの少しでも内定の可能性があれば、書類だけであっさり落とすなどというもったいないことはせず、最低限、一次面接には呼ばれるはずです。

お、かなり
良さそうだな

多少は可能性
あるかもな

判断つかないから、
とりあえず面接に
来てもらおうか

この人は明らかに
見込みゼロだな

よほど評価が低くない限り、書類選考では落ちない

この状況においても、何社応募しても書類選考を通過できない、という場合、考えられるのは次の2つのパターンです。

❗ 職務経歴書の完成度が低い

　基本的に、**職務経歴書の枚数は2ページ以内**です。

　何ページも長々と書いてあると、読むのが大変で、一番伝えたい情報がぼやけてしまいますし、印象も悪くなってしまいます。また、残酷なことを言ってしまうと、**書類選考を通過するかどうかは、業界経験・職種経験・在籍企業名・勤続年数・保有スキルなどの情報だけで7割くらい決まってしまう**ので、自分の熱い思いなどを書いてもほとんどムダです。

　例えば、早期離職してしまった人や、現在無職の人など、普通に書類を出しても通らない人なら、苦肉の策で、職務経歴書の中で長文で熱意を訴えるという手もなくはないと思いますが、これは奇策です。ほとんどの場合、**職務経歴書は淡々と事実だけを簡潔にまとめた方が良い**です。

❗ すべての企業に同じ書類を出している

　職務経歴書の記載内容は、面接官が欲しい情報だけを短くまとめて、できるだけ読みやすく書くのが鉄則です。しかしながら、**面接官が欲しい情報は、企業によってそれぞれ異なります。**

　応募する企業、一社一社、面倒でも記載内容を見直して、評価されそうな書き方に微調整をした方が、書類選考の通過率は格段に上がります。この行動は、転職エージェントからは嫌がられることも多いですが、彼らの言うことは無視して構いません。**書類を企業ごとにカスタマイズするのは、そのくらい大事なことです。大した手間でもないですし、やらない手はありません。**

　以上の内容に気をつけながら、応募書類作成を進めてみてください。必ず効果はあるはずです。

74 面接は、徹底的に 準備をすれば必ず勝てる

書類選考の話をしたので、面接についても触れておきましょう。

「転職面接の突破法」は、非常に大きなテーマなので、この本の中ではそれほど詳しくは書きませんが、**基本的に重要なのは2つだけ**です。

- ▶ **ここまでやるか、というくらい徹底的に準備をする**
- ▶ **自分目線ではなく、相手目線で回答をする**

❶ 面接は、準備が命

まず、準備について。

転職活動って、ほとんどの人が現職の会社の仕事を続けながら、仕事以外のプライベートの時間を削って準備をしています。そのためか、その多くは、面接前の準備をまともにやり切れていません。

企業のホームページを流し読みした程度の知識で志望理由を作ってしまったり、その企業の商材についてもあまり勉強していなかったり、雰囲気で面接を受けに来ている人が大半です。

だからこそ、誰よりも入念に準備をして、その企業の商材やビジネス、市場環境や競合などについて徹底的に調べたうえで面接に来る人は、それだけで極めて高評価を得ることができます。

仕事に必要なマネジメント経験や、プログラミングのスキル、語学力などを短期間で向上させるのは不可能ですが、面接の準備をするのは誰にでもできます。徹底的にやらないのは損です。

❗ すべての質問に相手目線で答える

次に、相手の立場に立つこと。

これこそが、転職面接の本質です。ほとんどの人は、「こういう仕事がやりたい」と個人的な志望動機を語ったり、「社内3位の表彰を受けた」などと相手に上手く伝わらない自己PRをしたりしてしまいます。

面接は、自分が伝えたいことを全部伝えられれば内定が出るわけではありません。相手が欲しいものを差し出さないと、高評価を得ることはできません。

「その回答内容で、面接官は自分を採用したいと思えるのか?」という相手目線で、一つ一つの回答を練らないといけないのです。

この点について、もっと詳しく知りたい人は、**過去の著作『私にも転職って、できますか? はじめての転職活動のときに知りたかった本音の話』、『すごい面接の技術 転職活動で「選ばれる人」になる唯一の方法』**に書いてあるので、ぜひ読んでみてください。

✅ 過去の著作

はじめての転職に最適な、 転職初心者向けのバイブル	内定に必要なことが全部書いてある Q&A形式での面接対策マニュアル

私にも転職って、できますか?
~はじめての転職活動のときに
知りたかった本音の話~

すごい面接の技術
転職活動で「選ばれる人」になる
唯一の方法

75 入社前に、明らかにヤバい 会社を見分ける方法

ここで、転職活動の際に、ヤバイ会社を見分ける方法を紹介します。

主に、この2つです。

▶ **社員同士の関係性を見る**

▶ **会社の課題を聞く**

❗ ポイント① 同僚同士の関係性

まず、入社検討中の会社の中で働いている**「社員同士の関係性を見る」**という手法です。

例えば、面接で複数の社員が面接官として出てきた場合、その2人がどんな仲なのかを注意して見てみてください。お互いにリスペクトを持っているか、気遣いがあるか、口調はどのような感じかなどを注意深く見ることによって、お互いに同僚にどう接しているのかは大体わかります。

ギスギスした会社、パワハラ気質の会社だと、面接官同士でも上下関係があって、片方の社員が偉そうな態度を取っていたり、敬語を使わずタメ口で話していたり、ということがあります。

複数の面接官がいる場合、その2人の間のやり取りは、面接時だけ丁寧にやろうとしてもなかなか隠し通せるものではありません。普段の仕事での態度がダイレクトに反映されるはずです。

❶ ポイント②　直面している課題

次に、**「会社の課題を聞く」**という手法です。

面接での逆質問時に非常に有効なのが、「御社のこの部署が現在直面している最も大きな課題は何ですか？」「チームとして、直近で解決しないといけない大きな課題はありますか？」などの質問です。

まともな会社であれば、この質問に対して、社外の人に伝えても問題のない範囲で、**現状の課題と、それに対する今後の対応について教えてくれるはず**です。

これから入社しようという新しいメンバーに、チームや会社の課題について知ってもらうことは重要ですし、面接で候補者自身の話をするばかりでなく、会社が抱える課題を真剣に聞いてくれる人に対しては、好意的に受け止める企業が多いでしょう。

一方、ヤバイ会社の場合は、**「あまり良い人材を採用できていないことが課題です」「営業の連中、頭が固くてダメなんだよね」**などと、本質的ではない属人的な回答や、他責志向の回答をしてしまうことがあります。**「課題は特にありません」という回答も要注意です。** 課題が何一つない会社なんて存在しませんし、この回答の裏にあるのは、都合が悪いので嘘をついて隠しているか、その面接官自身も会社の課題が何か理解していないという致命的な状況だからです。

これら2つの方法で、ヤバイ会社かどうかを入社前に見破る努力をしてください。

76 中途入社で入ってはいけない会社・入るべき会社

ここで、**転職活動において避けるべき業界など**についても触れておきます。はっきりと言えるのは、下記の2つです。

- ▶ **明らかな斜陽産業に属する会社**
- ▶ **中途採用比率が極端に低い会社**

❗ 斜陽産業に飛び込むのは、相当な覚悟が必要

まず、**「斜陽産業」**は基本的に避けるべきです。

必ずしも、流行に乗っていて伸びている業界に入ることだけがすべてではありませんが、斜陽だとわかっている業界に自ら入るのは、あまり良い判断とは言えないでしょう。全体的な傾向として、儲かっていない業界では、資金力がないのであらゆることに投資ができません。

長い間成長していない業界には、なかなか良い人材も集まらないですし、逆に、優秀な人からどんどん抜けていってしまいます。よほどその業界への思い入れがない限り、長く働くのは難しいのではないかと思います。

❗ あまりにも中途が少ない会社だと、肩身が狭くなる

次に、**「中途採用比率が極端に低い会社」**も、転職で入社するのは、やめておいた方が良いです。新卒の就活で入る分には構いませんが、中途の転職活動では避けた方がきっと無難です。

こういうタイプの会社は、新卒入社からずっとその会社一社しか知らない人たちの集まりなので、強烈な企業文化や、村社会のような閉鎖的な雰囲気を持っていることが多いです。人材の流動性が低くなればなるほど、職場環境は悪くなるものですし、そこに「自分だけが中途」という立場で飛び込むのは、かなり勇気の要ることです。

❗ 中途採用で、入社するべき会社とは？

一方、**転職活動でオススメの業界・会社にはどんなものがあるのか？**と思う人も多いでしょう。誰もが知りたい情報だと思います。

ただ、私は、**この質問に対する明確な答えは存在しない**と思っています。転職活動は、自分が持っている経験を「誰に」「どうやって売るか」がカギを握ります。自分の経験を最も高く買ってくれる企業を探し当てるプロセスが最も重要であり、**最適な転職先がどこかは、その人が持つ経験や職歴などによって大きく変わる**からです。オススメの業界・会社は人によってちがう、ということです。

巷にあふれている様々な情報、転職本、ビジネス系コンテンツなどには、オススメの業界や、オススメのホワイト企業などが書いてありますが、あまり鵜呑みにしない方が身のためです。仮に、抜群にホワイトな企業や業界が本当に存在したとしても、そんな有益な情報が出回っていたら、今頃は我先にと人材が殺到して競争過多になっているので、結局はあまり意味がないはずです。

「転職で入ってはいけない会社」は一定基準で存在しますが、「転職先としてオススメの業界・会社」は明確には存在しません。それは、自分自身の適性と経験を踏まえて、個人的に考えてみてください。

77 「もう無理だ」と思ってから転職活動を始めるのでは遅すぎる

転職をするのにベストな時期は、**「自分が最も高く売れるタイミング」**だという話をしました。

重要なのは、「今の仕事が嫌になったから転職をする」「現職の仕事がキツくて耐えられないから転職をする」わけではないということです。「もうこの仕事は無理だ。続けられない」と思うようになって初めて転職を検討するようだと、あまりにも遅すぎるからです。

古い価値観の人は、「現職に強い不満がないなら転職しなくていいじゃないか」「転職なんて、みんなネガティブな理由でするものだろう」と思いがちです。実際、ほとんどの人は、現職の仕事に何かしらの不満があって転職をするのだとは思います。ただ、どんな会社で働いていたとしても、多少の不満は誰しも持っているものでしょうし、今の会社に一切なんの不満もない、という人は少数派です。

また、「不満があるから転職をする」のが、そのままイコール「ネガティブ」とは限りません。

- ▶ 自分の働きぶりと報酬が明らかに見合っていないので、もっと正当に評価して報酬を上げてくれる会社で働きたい
- ▶ 今の業界にいても市場衰退傾向であまり良い経験はできないと思われるので、成長産業に移って、もっと面白い仕事を経験したい
- ▶ 長年同じような仕事ばかりで飽きてきたので、新しいことに挑戦するために、職種を変えて転職をしたい

このような転職理由は、果たしてネガティブでしょうか?

　現職の仕事に何らかの不満があることは間違いないものの、必ずしも、後ろ向きで悲観的な動機というわけでもありません。以上のような考えを持って、前向きに自分の理想に合いそうな会社を探して転職活動をすることは、決してネガティブでもマイナスでもありません。

　プラスの転職をするためには「会社を辞めたい」と本気で悩むより何段階も前の時点で、将来的な転職を考えて行動した方が良いということです。
　転職活動を始めたからといって、絶対に転職をしないといけないわけではありません。内定が出て、提示された条件を見てじっくり考えた後に、転職するかどうかを決めればいいのです。内定を正式に承諾して、現職の会社に退職届を出すまでの間は、いつでも転職を中止して引き返すことができます。

❶ 転職はあくまで「手段」、 転職をするのが「目的」になってはいけない

　「もう無理だ」と思ってから転職活動を始めると、「会社を辞めること」が目的になりがちです。
　本来、退職・転職はあくまで手段であり、「業界を変えたい」「給料を上げたい」「ワークライフバランスを改善したい」など、本当の目的を達成するための過程に過ぎないはずです。
　ネガティブなきっかけで手段と目的が逆転してしまわないように、普段から転職を意識して働けるようになると良いでしょう。

78 転職でキャリア一発逆転は可能か？

転職に希望を持つ人の中には、これまで散々だったキャリアを転職で挽回して一発逆転したいという人もいます。しかし、残念ながら、なかなかそういうわけには行かないものです。

これまで述べてきた通り、**転職活動の極意は、「自分の過去の経験を上手く売り込むこと」**だからです。過去に何の経験も積めていない人には良い転職先は見つけられませんし、一度の転職でキャリアが大逆転するということは、ほぼあり得ません。

もちろん、転職には大いなる可能性があります。

私が、もし一度も転職をしていなければ、今頃は日系老舗企業の係長止まりで、年収はせいぜい700万円程度に過ぎなかったでしょう。リモートワークもできなければ、副業もできなかったでしょう。

実際には、その何倍もの年収を稼げていますし、過去数年はフルリモートで働き、こうして副業で本を書くこともできています。製造業のマイナー業界から成長産業のIT業界へと移ることもできましたし、30代前半で外資系大手企業の部長クラスの役職にも就けました。転職という機会がなければ、私のキャリアはまったくちがったものだったでしょう。

転職には、未来を変える素晴らしい可能性があります。

ただし、勘違いしないでほしいのは、自分の過去を完全無視して、一発逆転で都合よく明るい未来を手に入れることはできないということです。過去の延長線上にしか、未来はありません。

⚠ 転職は、一発逆転の魔法ではない

例えば、学校を卒業後、定職に就かずフラフラしたまま正社員経験まったくなしで30歳を過ぎた人が、転職活動をいくら頑張ったところで、いきなり有名企業のマネージャーにはなれないでしょう。転職って、そんなに都合の良いものではないのです。

だからこそ、戦略的に経験値を貯めてきた人、きちんと職歴を積んできた人であれば、転職をバネにして、一気にキャリアを開花させることができる可能性があります。

長年積み重ねてきたものが、転職をきっかけにして、一気に報われるのです。

転職は、「キャリア一発逆転」というより、「本来自分にあったはずの未来を取り戻す」ための手段です。

ただ社内で地道に仕事を頑張っているだけでは報われないからこそ、転職によって、「自分の努力が報われる道」「自分が正当に評価される場所」を探しだすことができるのです。

今の職場ではなかなか評価してもらえない、現職の会社では昇進しても給料はほとんど上がらない、などと悩んでいる人は、ぜひ転職を検討してみてください。

最終的に転職するかどうかを決めるのは、内定が出た後で構いません。内定のオファーレターにサインをして、会社に退職届を出すまでの間は、選ぶ権利は自分にあります。

「今の会社に残る」という選択肢をキープしたまま、リスクを取らず、虎視眈々と転職の可能性を探るのです。

第4章

79 「適職」などこの世に存在しない、あるのは「現時点でベストな職場」だけ

本書の冒頭で、キャリアに答えはないという話をしました。

人それぞれの人生に、「正解」「不正解」というものは基本的に存在しません。というより、「正解」か「不正解」かは、誰にもわからないと言った方が正しいかもしれません。

例えば、私は27歳のときに初めて転職をしたのですが、転職先の2社目の会社をたったの1年足らずで辞めてしまいました。自分にとって、あまりにも性格的に合わない環境で、精神的に参ってしまったからです。

その後に入った中小企業も、実は1年程度で辞めました。20代にして2回連続の早期離職です。このときは、別に会社に大きな不満はなかったのですが、同業界の競合他社から「年収1.5倍で転職しないか?」とオファーが来たので、断る理由がありませんでした。

これらの判断は、果たして正しかったのでしょうか?　それは、私自身にもわかりません。

当時の2度の退職をまったく後悔していないという点では、私にとっては悪い判断ではなかったように思います。しかし、他人から見れば、「定職に就かないジョブホッパー」の経歴です。

結果的に年収も上がり、仕事も楽しめるようになったという意味では、「正解」だったと言うこともできます。一方で、20代で転職を繰り返すのは「不正解」だろう、と言う人もいるでしょう。

❗「正解」も「適職」も、存在しない

　結局のところ、キャリアに「正解」も「不正解」も存在しないし、「天職」も「適職」も存在しないのだと思います。

　自分自身が「適職」だと思っていれば、それは適職なのでしょうか？いや、もしかしたら、気づいていないだけで他にもっと向いている仕事があるかもしれません。絶対にあり得ないとは言えないでしょう。試してみなければわからないのだから。

　今「向いている」と思っている仕事が、10年後も変わらず「向いている」かも、実際に10年後になってみないとわかりません。そもそも、今日の自分と10年後の自分はほとんど別人です。

「適職」など、この世には存在しません。
あるのは、「現時点でベストな職場」だけです。

　キャリアが「正解」にたどり着くことなんて、おそらくなくて、一生、その時々での「一番マシな仕事」を探し続けるのだと思います。そのくらいの気持ちでいれば十分です。

第4章

189

80 この世界には、2種類の ジョブホッパーがいる

私は過去に4回転職し、5つの異なる会社での勤務を経験しています。 そして、ついに5社目を退職した後は、自分で会社を作って独立しました。色々な会社で働いてみて、自分は会社員には向いていないということを散々思い知ったし、自分で会社をやった方が面白いと思ったからです。

過去の転職回数が多く、転職関連の情報発信を普段からしているため、当然、転職に対しては非常に肯定的な意見を持っています。「転職は人生を変えるチャンスになり得る」と本気で思っています。

❗ 必ずしも、転職するのが良いとは限らない

一方で、実は、必ずしも「転職を繰り返すこと」を推奨しているわけではありません。

私自身は、30代前半までに4回も転職しましたが、さすがにやりすぎだと思います。もう一度キャリアをやり直せるとしたら、おそらく、こんなに頻繁に転職はしないです。

そういう意味では、「安斎さん、私も転職6回です！　仲間ですね！」「私も40歳で次が10社目です！　経歴はいくらでも後から取り戻せますよね！」といった連絡をいただくと、結構戸惑うことがあります。

世の中には、2種類のジョブホッパーがいます。「虎視眈々型」のジョブホッパーと、「敵前逃亡型」のジョブホッパーです。

前者は、転職をバネにして戦略的に自分のキャリアを強くしていく強者ですが、後者は、ただ単に目の前の仕事から逃げ続けているだけの弱者です。前者にはある程度賛成しますが、後者に対しては、私はかなり否定的です。

　特に、年収も役職も上がることなく平社員のまま３回以上転職を繰り返す人や、10回転職して年収がせいぜい500万〜600万円という人は、普通にキャリア構築に失敗していると思います。

　転職回数が多い人が集まる外資系企業でも、さすがに、転職10回を超えている人を見るとギョッとします。良いイメージはまったくないです。当然、将来の選択肢は狭まっていく一方ですし、社会的な信用も失います。

　転職の回数をこなすことが重要なのではなく、どのような内容の転職をするかが肝心なのです。

　脈絡もなく、何度も無益な転職を繰り返すくらいなら、独立した方がよほど良いと思います。

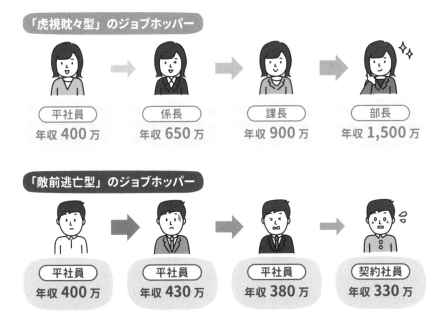

「虎視眈々型」のジョブホッパー

平社員	係長	課長	部長
年収400万	年収650万	年収900万	年収1,500万

「敵前逃亡型」のジョブホッパー

平社員	平社員	平社員	契約社員
年収400万	年収430万	年収380万	年収330万

14回の転職の果てに……

　私の知り合いに、14回転職している人がいる。

　最後に会ったのが3年くらい前なので、もう17回くらい転職しているかもしれない。そのくらい、気がつけば転職をしているような人だった。

　3年前の時点で45歳だったので、22歳で大学を出てから、社会人歴23年で転職14回か。23年で14回だ。平均勤続年数1.5年だ。驚異的な数字だ。

　30代半ばまでに4回転職した私でさえ、平均勤続年数は2.8年だぞ。もはや何を競っているのかもわからない。「勝負」で言えば、2人とも敗北している気もする。

　3年前、なぜ彼と連絡を取っていたのかと言えば、彼からの「安斎さんの会社で募集中の中途採用ポジションに、リファラルで紹介してくれないか？」という依頼だった。彼と私は前職時代の同僚なのだが、同僚と言っても向こうはたったの3ヶ月ほどで退職したので、それほど仲が良かったわけではない。

　ただ、まあ「リファラルで紹介してくれ」という依頼には、昔のよしみで応えることにした。

　外資系だと、リファラルで採用が決まると紹介した社員にも30万円とか50万円とか、結構な額のボーナスが出るからね。紹介するだけなら簡単なことだし、上手くやってくれれば私にも臨時ボーナスが出る。

　そう思ったが、やはり少し甘かったらしい。

　「この人……転職回数が、14回？？　しかも、短期の経歴が多いし、直近だとほとんどが契約社員で、あまり評価できる経験を積んでいないように見えるけど」紹介先のマネージャーは、そう言って、あからさまに表情を曇らせた。

　過去をさかのぼれば、GAFAなどの有名企業で働いた経験のある人のはずだが、さすがに「14回」の転職は多すぎたのかもしれない。

　リファラル申請のために彼の職務経歴書を見て、驚いた。

　30代後半以降の勤務先は、いずれも、契約社員や派遣社員扱いだった。もう、正社員で雇ってくれる会社が存在しないのだろう。

　ジョブホッパーが悪いとは言わない。

　言わないが、「限度がある」。きっと、そういうことだ。

第5章

副業のルール

本書冒頭のチャート診断結果 ＝ Ｅ：クリエイタータイプのあなたは、現在の仕事に物足りなさを感じていたり、会社員として働くこと自体に限界を感じたりしていることでしょう。会社の信用力を使って大規模なビジネスに携わりたいという願望があまり強くない場合、副業で個人ビジネスに挑戦してみるのも一つの案です。急にリスクを取って、会社を辞めて起業しようというわけではありません。あくまで、会社員と同時に二足の草鞋を履いて、個人ビジネスで成功する可能性を探るのです。運よく成功した暁には、独立という次の道が待っています。

81 3人に1人が「副業」を経験している時代

　株式会社クラウドワークスの2022年9月の調査によれば、日本全国の15歳以上の男女1,057人の回答者のうち、全体の19.8％が「現在、副業をしている」、同13.8％が「過去に副業経験がある」と答えています。これらを合わせると、**3人に1人程度は、過去もしくは現在進行形で副業経験がある**ことになります。

　会社員の副業というとやや難しいイメージがありますが、政府の「働き方改革」による副業解禁の流れもあり、直近では副業を正式に認める会社が増えてきています。

　株式会社パーソル総合研究所の「第二回 副業の実態・意識に関する定量調査」（2021年）では、**全体の55.0％、実に過半数の企業が副業を容認している**ことがわかっています。この中には「条件つき」という回答も含まれますが、「副業は全面禁止」という厳格な会社は、今やどちらかというと少数派になりつつあります。

⚠ 副業は今や、それほど珍しいことではない

　会社員としての本業の他に副業を始めるのは、いまの時代、それほど珍しいことでも、不可能なことでもないのです。企業の2社に1社は副業を認めていますし、会社員の3人に1人は実際に副業をしています。

　転職でキャリアアップを重ねることももちろん重要なのですが、転職を無闇に繰り返すのは逆効果ですし、転職による年収アップだけでは、さすがにそのうち頭打ちが来ます。

年収 1,000 万円を超えるくらいまでは「転職」だけでも十分対応できる
ものと思いますが、それ以上を果敢に狙っていく場合、さらに給与水準の
高い会社に転職する道と、会社員の仕事は現状キープしながら新たに副業
を始める道、あるいはその両方の可能性を探る道、など現実的に複数の選
択肢があります。

　私自身は、3 年ほど前に副業を始めました。最初の半年は売上ゼロでし
たが、1 年後には月収 30 万円を超え、2 年後には本業の収入を超えるほ
どになりました。外資系大手 IT 企業の部長の給料よりも、個人の副業の
方が稼げることがわかってしまったのです。

　「もう、いつ会社を辞めても問題ないな」と思っていた矢先に、社内の
レイオフやら、組織変更やらで、自分の理想とする働き方がもう続けられ
ないと感じたので、思い切って退職して会社を作りました。本業の仕事
の収入は一時的に減りましたが、副業だけでも余裕で食べていけるので、
まったく支障はありません。**むしろ、複数の安定した収入源のおかげで、
今度こそ、自分の好きな仕事を自由にやれるようになりました。**

　本業以外に副業で稼げるようになると、より会社への依存度が小さくな
り、「いざとなっても自分には副業があるから大丈夫」という、確固たる
自信が生まれます。「自分には関係のない話」などと食わず嫌いせずに、
副業という選択肢も柔軟に考えていく方が、キャリアはより豊かになると
思います。

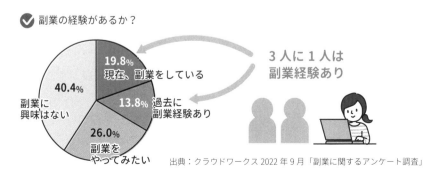

✅ 副業の経験があるか？

19.8% 現在、副業をしている
13.8% 過去に副業経験あり
26.0% 副業をやってみたい
40.4% 副業に興味はない

3 人に 1 人は
副業経験あり

出典：クラウドワークス 2022 年 9 月「副業に関するアンケート調査」

82 WebとAIによって副業は一気に現実的になった

　副業というと、具体的には下記のようなパターンが多いように思います。

- ▶ **何かを仕入れて、値段をつけて売る**
- ▶ **誰かに何かを教えて報酬を得る**
- ▶ **フリーランスとして仕事を請け負う**

　この他だと、株式投資や不動産投資などでお金を稼ぐという手段もあるとは思いますが、それらはどちらかというと「副業」の仕事というより「投資」に属するものなので、本書では触れません。

　従来の副業手段だと、**「何かを売って粗利を儲ける」場合**、できるだけ高く売れるものを見極めて在庫を確保して、それを売りに出して、という物理的なプロセスが必須でしたし、在庫を持つ以上は売れ残るリスクもありました。ビジネスとして当然の話ではあるものの、金銭的に大きなリスクを伴う副業は、なかなか普通の会社員には手が出づらいものです。

　メルカリなどのフリマサイトで不用品を売るくらいなら誰にでも簡単にできますが、「古物商」の許可を取って、先行投資で在庫を仕入れて、それを出品して、ということを大々的にやるとなると、在庫を置いておく倉庫スペースも必要ですし、仕入原資となるお金も必要です。

「誰かに何かを教えて報酬を得る」というビジネスについても、従来は、貸会議室などを借りてセミナーを開き、参加者を募集し、パワーポイントで資料を映して何時間も説明し、質疑応答に答えて……などといった手間がかかりました。机や椅子などのセッティングも必要ですし、出席者の確認、当日の来場受付などを考えると、誰か手伝ってくれるアシスタントなどを雇う必要もありました。

　また、**「フリーランスとして仕事を請け負う」**ためには、個人的なコネや信頼が必要で、なかなか会社員がいきなり個人で始められるものではなかったように思います。おそらく、広告業やコンサルティング業など、一部の業界でないと、そう簡単には成り立たない副業のやり方でした。

　現代では、かなり認識が変わります。インターネットビジネスと、ChatGPTなどのAIがあるからです。

　オンライン上で「何かを売って粗利を儲ける」のは、非常に容易になりました。私も、noteという媒体で自分が書いた文章に値段をつけて売っています。作家として本を出版するよりも、ずっと前からの話です。

　「誰かに何かを教えて報酬を得る」にしても、「フリーランスとして仕事を請け負う」にしても、最近では副業のマッチングサイトがたくさんありますし、SNSなどで、個人間でやり取りをすることもできます。または、YouTubeなどでノウハウを公開して稼ぐこともできます。

　面倒な書類作成や、調べもの、広告チラシ作成、紹介文章の作成などは、今やほとんどChatGPTなどのAIツールに自分の代わりに一瞬でやってもらうことができます。私もフル活用しています。ほかにも、会計サービスのfreeeや、法人向け購買のAmazonビジネスなど、個人ビジネスに役立つツールはたくさんあります。

　過去に比べたら、いまの時代は相当「誰でも副業を始めやすい」環境が整っているのではないでしょうか。実は、思っているほど、ハードルは高くないのかもしれません。

83 「一番稼げる副業」とは何か

副業に関しては、**「稼げる副業は何か教えてくれ」**という話が絶えないです。

そんなもん知らないよ……というのが、正直な答えです。

例えば、私の現在の本業はマーケティング・PRの会社経営、副業は主に執筆業（書籍出版・ブログ・文章コンテンツ販売）なので、「オススメの副業は？」と聞かれたら「執筆業です」と答えたいところなのですが、実際には、文章で継続的にお金を稼げる人は極めて稀だと思います。

「そうですね……。とりあえず毎月10万人以上が読んでくれるブログを書いて、運よく出版社の目に留まって、何冊か本を出して上手く売れれば、そこそこ稼げますよ！」などというアドバイスをもらっても、ほとんどの人は実行不可能でしょう。

「稼げる副業」は、おそらく、人によって異なります。私にとっては、執筆業が「稼げる副業」ですが、それは決してすべての人に当てはまるわけではないです。

❶ 自分が得意なことをやるのが、結局は一番稼げる

あえて言えば、**「自分の得意なことをお金に換える」**のが一番良いと思います。

「好きを仕事に」するのは大変です。ほとんどの人には、本業の仕事ではそれは不可能です。だからこそ、副業くらいは好きなことをやるのが良いのではないかと思います。

本業の会社員で、上司の言われたことを指示通りにやって、後輩の失敗の尻拭いをして、やりがいもない社内政治に付き合って……みたいなことを日々やりながら、さらに副業まで「好きじゃないこと」「苦手なこと」をやるようだと、きっと長くは続けられません。

❶ 継続するモチベーションさえ保てれば、いつかは芽が出る

副業の個人ビジネスにおいて、最も重要なのは「成果が出るまで継続すること」です。大前提として、本業の仕事で疲れて帰ってきた後や、週末の土日などにやらないといけない追加の仕事なので、個人的なモチベーションが保てなければ、そもそも成立しません。

そして、ほとんどの人は継続ができないことによって失敗します。どんな副業も、最初から利益が出る人はいません。私も、最初の半年は売上ゼロでした。それでも根気よく続けられることじゃないと、成果が出るまで精神的に耐えられません。

言ってしまえば、同時に２つの仕事を掛け持ちするようなものなので、普通に考えたら結構大変です。このとき、「普通に考えたら大変なんだけど、自分にとっては趣味みたいなものだな」と思える仕事じゃないと、どのみち、本業をキープしつつ長く維持することはできない気がします。

私が副業の執筆業を始めた頃は、文章を書くよりも楽しいことがほとんどありませんでした。だからこそ、今まで続けられたのだと思います。

副業選びは、まず「続けられるか」という視点で考えるのが大事だと思います。

84 「配達パートナー」と 「せどり」はやめておけ

　もう一つ、副業において重要なのが、**「フロー型」ではなく「ストック型」の仕事を選ぶこと**です。

　「フロー型」は、あくまで一時的な収入です。 一回あたりいくら、という報酬を得ることです。例えば、商品を1個4,000円で仕入れて、1個5,000円で売ると差し引き1,000円の利益が出る、みたいなビジネスです。この方法だと、売れば売るほど儲かるようにはなりますが、常に仕入や販売の業務が生じるので、自分が手を動かし続けないと売上はゼロです。1回あたり何円、1個あたり何円という稼ぎ方なので、急に稼げるようにはなりませんし、何年経っても、一定金額を稼ぐために必要となる労働負荷は変わりません。

　一方で「ストック型」とは、今日やった仕事が自分の「資産」として、将来も利益を生み続ける仕組みに変わるタイプの副業のことを指しています。 例えば、私がやっている執筆業も、ライターとして「文字単価：1文字1円」という仕事の受け方をすれば「フロー型」ですが、書籍を商業出版することができれば、来年も再来年も、本が売れ続ける限りは印税収入が継続的に入ります。

　このような「ストック型」の副業を見つけられると、長期的にかなり楽になると思います。

❗ ストック型の副業は、働いていないときにも利益を生む

例えば、YouTube なども「ストック型」でしょう。YouTube に投稿した動画は、自分で消さない限りはずっと消えません。1年後も2年後も、再生回数が回る限りは、継続して広告収入が入るはずです。

私がやっているnoteというプラットフォームもそうです。2年以上前に書いた有料記事が、今日時点でも継続して売れています。もうその記事には一切手をかけていないですし、たまに見直す程度ですが、それでも毎月売上を運んできてくれます。

「ストック型」の副業は、働けば働くほど、どんどん将来的に楽に稼げるようになるので、ほとんど「不労所得」のようなものです。非常にオイシイと思います。

この視点で言えば、**「配達パートナー」や「せどり」といった副業にはあまり手を出さない方が良い**と、個人的には思います。

理由は、言うまでもなく、「フロー型」だからです。ウーバーイーツなどの「配達パートナー」は、飲食店などのデリバリー1回あたり数百円を稼ぐ仕事ですが、どんなに頑張っても1日100件こなせるわけではないので、物理的な制約があります。1回あたりの単価もそう簡単には上がらないので、1年後も2年後も、1万円稼ぐために必要な労力が減りません。

転売やAmazon・楽天出品などの「せどり」も、結局は商品を1個売って粗利がいくらという商売なので、永遠に「不労所得」にはなりません。
短期的には利益は出やすいものの、長期的にはいくらやっても労力が減らないですし、効率化もしにくいので、あまり副業としてオススメできるものではないです。

最初に「副業として何をやるべきか」という仕事選びは、極めて重要です。この段階だけでほぼ決着がつきます。慎重に、長期的に継続して儲かるものを選びましょう。

85 本業と同じ仕事を 副業にしない方が良い理由

　副業として何をやるべきかを考える際、**本業と同じような仕事を、業務時間外に社外でも副業としてやればいいのではないか？**　という発想になる人は多いと思います。ただ、これはたいていの場合、悪手なので、控えた方が身のためだと思います。

❗ 本業に支障が出てしまったら、意味がない

　確かに、本業の仕事で蓄えた知識や経験を、副業にもダイレクトに活かすことができると、マネタイズまでの道のりはかなりスムーズだと思います。元々がプロとしてお金をもらえるレベルの内容ですし、「業界経験〇年」などの経歴を武器にすれば、短期的にお金になる可能性は高いです。
　一方で、会社員の副業として考える際には、やはり本業との直接的な競合や、本業に支障が出るような行為は避けるべきです。

　副業で、本業とまったく同じ内容の仕事をしてしまうと、本人が意図する・しないに関わらず、無意識に情報漏洩などにつながってしまう可能性があります。最悪、所属する会社に変に疑われて、懲戒解雇などの可能性もあります。せっかく会社員の副業としてリスクを取らずに個人ビジネスをしているのに、解雇されるかもしれない大きなリスクを伴う副業を選んでしまったら、意味がないです。
　もし、会社員の仕事と直接的に関わるような内容で個人ビジネスを始めたいのであれば、副業でやるのではなく、会社員を退職して「独立・起業」として始めるべきです。

退職後なら、企業秘密にだけ注意を払えば、過去に身につけたノウハウを自分の頭の中で使うのは個人の自由ですし、訴訟などのリスクはかなり低いです。

　実際、この方法で起業して成功する人はたくさんいます。というか、個人で起業する人のほとんどは、このパターンだと思います。私自身も、前職の会社を退職した後は、過去の職歴で築いた業界のコネと、仕事のノウハウを使って、自分で立ち上げた会社でマーケティング・PRの仕事をしています。

　この方法で一定の収入を稼げることがずっと前からわかっていたにも関わらず、会社員時代に本業と同じマーケティングで副業をしなかったのは、所属先の会社から情報漏洩や競合などの疑いをかけられるリスクをほんの少しでも取りたくなかったからです。

　他にもデメリットとして、本業の劣化版のような仕事を副業でやっても、会社の信用力を使えないので単価が下がって効率が悪い、本業と同じ仕事では自分の経験の幅も広がらない、などのネガティブ要素があります。それをやるなら、本業にもっと時間と労力を注いで、残業代をもらった方がマシだと思います。

　やはり、副業は、「本業あっての副業」です。

　リスクを取って独立するのではなく、会社員の身分をキープしたまま副業で安全に稼ぎたいと思うのであれば、本業に対してほんの少しでも支障が出そうなことは、できる限り避けておくべきです。

86 副業で月50万円以上稼ぐための最低条件

　副業の成功のためには「継続」が重要だという話をしました。

　では、**副業をきちんと継続して成果を出し、安定した収益を得るための条件**にはどのようなものがあるのでしょうか？　やはり一定の条件が揃っていないと、副業でまともに稼ぐことはできない印象があります。

　ちなみに、**副業を本気でやろうと思うなら、最低でも月収30万円、できれば月収50万円を目指すべき**というのが私の意見です。「月商」じゃないですよ。「月収」です。自分の手元に残る利益です。

　前述のクラウドワークスの2021年の調査では、**副業経験者の1カ月当たりの平均収入は「5万円未満」という人が全体の65%**という結果になっていました。

　最初の段階ではこのくらいの収入でも構わないのですが、長期的に3年、5年と続けていくことを考えると、ずっとこの規模ではさすがに寂しいと思います。月5万円なんて、本業と掛け持ちでアルバイトをすれば簡単に稼げます。それでは、あまり意味がないです。

　あくまで個人的に楽しいからやっているのであって、収益は副次的要素に過ぎないという話であれば、それは「副業」ではなく「趣味」なので、そう言い切った方が良いです。

❶ 副業で稼ぎたいなら、まずは本業を安定させる

さて、本題。**副業で稼げるようになるための最低条件は、「本業が安定していること」です。**

たまに、「本業で稼げている人なら、副業なんてやる必要はないのではないか」「本業が上手くいっていないから、副業なんかに精を出すのではないか」と言う人がいますが、実は正反対です。

本業が安定していて、順調に上手くいっているからこそ、副業をやってみようという時間的な余裕、精神的な余裕があるのです。

大企業勤務であれ中小企業勤務であれ、本業で一定の成果を出し、高い評価を得ている状態だと、なんだか仕事に張り合いがなくなって物足りなくなります。このとき、転職という選択肢に走る人もいますし、持てあました時間を資格取得や社会人大学院通学などに使う人もいます。

私の周りにも、30代半ばになって、仕事とあまり関係のない「中小企業診断士」の資格を取ったり、急に大学院や資格スクールに通い出したりする人が、結構な数います。彼らに理由を聞いてみると、「仕事以外に何か打ち込めることが欲しかった」「ただ仕事をこなしているだけだと、将来が不安で、手に職をつけたくて…」という意見が多かったです。

しかしながら、闇雲に、将来役立つかどうかも不明な資格を取るために何ヶ月、何年という時間を費やすくらいなら、その時間を使って副業を始めた方がいくらか建設的ではないでしょうか?

本業の仕事が順調だからこそ、エネルギーと時間が余っていて、そのリソースを好きなものに投資することができるのです。逆に、本業の仕事が嫌だ、つまらない、激務すぎてやっていられない…という人は、現実的に、ストレスや疲労感のせいで副業なんて考えている心の余裕は持てないでしょう。

まずは、本業を上手く「整える」のが、副業成功への近道です。

87 まずは、本業を
サウナのように「整える」

　本業を「整える」のは、とても重要なことです。

　サウナに入るときに、**サウナ → 水風呂 → 休憩 というサイクル**を繰り返して身体を「整える」のと同じように、**本業 → 副業 → 休憩 という仕事のサイクル**を回していくのが重要なのです。サウナに入ったら、当然のように次は水風呂に入るじゃないですか。それと同じように、息を吸うように**本業が終わったら副業、副業が片付いたらちょっと休憩してまた本業、という流れ**を作ることができないと、なかなか本業と副業の長期的な両立はできません。

❶ 本業と副業、どちらも仕事だという意識

　本業が優先で、副業はサブなどと思わず、どちらも「仕事」だと思って取り組むことが重要です。仕事であれば、本気で取り組むのは当たり前ですし、本業と同じように時間をやり繰りして何としてでも成果を出すのは自然なことです。

　こういった意識が足りず、「本業が忙しいから、副業はまあいいか」という姿勢の人は、結局、副業で稼げるようにはなりません。やるだけムダになってしまいます。副業に取り組むと決めたからには、本業と同じくらい「自分の仕事」だと思ってやらないと、なかなか収益は上がっていきません。

　この意味で、本業がリモートワークの人は、副業にはかなり有利です。
週5日フルリモートではないにしろ、週2日や3日でもいいからリモー

トで働くことができると、例えば、従来は通勤に使っていた１時間半を副業に充てることができます。昼休みに同僚とダラダラとランチを食べていた１時間を、一人でサンドイッチをつまんで20分に短縮できるので、差し引き40分の空きが生まれます。オフィス出社の場合は、時間があったとしても職場で堂々と副業をするわけにはいきませんが、自宅なら、余った時間で何をしても自由です。

　なんだか、企業が副業を禁止したがったり、リモートワーク廃止にかじを切ったりする理由がわかる気もしますが、本業の仕事に明らかな支障をきたしていない限り、労働契約上は問題ないはずです。リモートワークになって、もともと通勤に使っていた時間を代わりに副業に使うのは、完全に個人の自由です。

❗ 副業で稼ぐための最低必要時間

　ちなみに、副業にどの程度の時間をかけるべきかについてですが、**本気で稼ぎたいと思うなら、どんなに少なくても「毎週15時間」は副業に割いた方が良い**です。

　仕事だというなら、このくらいの時間をかけるのは当然です。平日に各１時間、休日に各５時間ほど（あるいは土日のどちらか１日は副業に徹する）割くだけでも、このくらいの時間は確保できます。実際には、週15時間で成果を出せる人はほとんどいないので、これはあくまで最低限の話です。

　そんなに頑張りたくない……という人は、副業はやらなくていいと思います。中途半端にやっても時間がムダになるだけです。

　毎日はちょっとできない、１日30分程度しか使えないというなら、それは趣味と同じなので、「副業」とは呼べないです。やるからには、きちんと時間を割いて、本気で取り組みましょう。

88 副業はやりたいけど、何をしたらいいかわからないという人へ

　肝心の**「副業って具体的に何をやったらいいの？」**という話も、少しだけしておきます。

　すでに書いた通り、何をやるべきかは、ある程度は本人の適性や向き・不向きに左右されます。また、「これをやれば確実に儲かる」というものは存在しません（あったとしたら、すべて詐欺です）。

　この前提のうえで、取り組むべき副業の選び方・考え方について解説します。

　一般的に、副業と言えば、下記のような手段が多いです。

- ▶ **何かを仕入れて、値段をつけて売る**
- ▶ **誰かに何かを教えて報酬を得る**
- ▶ **フリーランスとして仕事を請け負う**

　私の知人には、外資系企業向けの通訳士として本業の仕事をしながら、中古の不動産を安く買い取ってDIYで綺麗に改築したうえで賃貸に出して家賃収入を得る、という副業をしている人がいます。この人は、もともとDIYが趣味で、いくらでもリフォーム作業に没頭できるというのが個人的な強みになっています。

　あるいは、大手企業の管理職の仕事をしながら、都内に場所を借りてマッサージ屋を経営している人もいます。マッサージ師の報酬は歩合制が多く、固定人件費がかからないため経営リスクが低いそうです。

趣味のカメラが高じて、本業でパート事務の仕事をしながら、副業で個人のお客さんから依頼を受けて家族写真やウェディングフォトを撮る仕事をしている女性もいます。今はこういった個人同士をマッチングさせるサービスが無数にありますし、Instagramなどで過去に撮った写真を公開しているので、SNS経由で集客ができます。

❗「お金を稼げそうな内容が何も浮かばない」と、あきらめる前に

このように、実は色々なところに「副業の需要」は転がっているものです。

もし、何も思い浮かばない、自分にできそうなことが特にない、という人は、「過去の自分の経験をコンテンツにして売る」ことを考えてみてください。

例えば、私のように、過去の転職活動の経験を書籍としてまとめて出版したり、メディアで記事を書いて原稿料をもらったり、有料ブログで連載をしたりしてお金を稼ぐ人もいるでしょう。転職に限らず、料理の作り方や、旅行先のオススメ情報、ダイエットや筋トレの方法、英語の勉強法、時短家事のノウハウなどでも構いません。そこに一定の需要さえあれば、様々なところにビジネスチャンスはあります。

もちろん、文章を書くことに限った話ではなく、旅行ならYouTubeでVlogなどをやった方が相性は良いでしょうし、料理や飲食店の紹介であればInstagram等で写真をたくさん投稿する方がおそらく適しているでしょう。フォーマットは、別に何でも良いのです。自分が得意なものを選んでやればいいです。

私自身も、過去の4回の転職という、まるでジョブホッパーのような経験が「売り物」になるとは数年前まで思っていませんでしたが、今では立派な副業として成立しています。「自分には特に売りになるものがない」なんて勝手に決めつけず、ビジネスチャンスを探してみてください。

89 「副業禁止」の会社で働きながら、副業で稼ぐ方法

　この章の冒頭で、今や、全体の過半数の企業が副業解禁に向けて前向きに動いている、というデータを紹介しました（194ページ）。同時に、今日時点で半数弱の企業では未だに副業を禁止しているというのも、動かぬ事実ではあります。

就業規則で副業が禁止されている場合、副業は不可能なのでしょうか？実は、完全にそうとも言い切れません。

　実態として、副業禁止規定のある会社で、こっそり副業をしている人はたくさんいます。私が以前いた会社でも、就業規則には「副業禁止」規定がはっきりと記載されていましたが、副業をしている同僚は多くいましたし、人事部や管理職などもその状況を黙認していました。

**　もちろん、副業禁止規定の運用状況や、処分の厳格さなどは個々の企業によってまったく異なるので、一定の注意は必要です。最終的には自己責任です。**
　しかし、現実としては、副業をしていたからといって即、会社に筒抜けになるわけではありませんし、仮にバレたとしても、懲戒解雇のような厳格な処分をする会社はかなり少ないでしょう。例えば、無断欠勤や無断遅刻を一度や二度したくらいで全員が即クビになるかというと、まったくそんなことはないのと同じです。

❶ 確定申告時の書類の書き方に注意

　年間の「雑所得」の枠を超える金額の収入があれば、確定申告は必須になります。会社員の給与以外に一定金額の収入があることは、翌年の住民税の金額などから会社にバレてしまう可能性もあります。

　しかし、このとき、確定申告時の**申告書の「住民税に関する事項」欄**で、**「自分で交付」**に〇をつけておけば、副業で稼いだ分の金額に対する住民税の通知は会社ではなく自宅に届くので、副業がバレる可能性はかなり低くなります。

　徐々に副業収入が増えていったとしても、**法人を設立して、自分に支払う「役員報酬」をゼロにしてしまえば、個人としての所得金額は会社員の給与以外にはない状態になる**ので、税金などの手続きで副業が発覚する心配はなくなります。

　このとき、法人の売上・利益の中から自分に給与や役員報酬を支払ってしまうと、収入は増えるものの、厚生年金と社会保険負担が必要になります。この場合、年金事務所に「二以上事業所勤務届」という書類を出さないと法律違反になってしまいます。未提出の場合は罰則が課せられる可能性がありますし、この書類を出した時点で、所属先の企業には確実に通知が行くため、副業を隠すことできなくなります。もし法人を作る場合は、役員報酬をゼロにしておきましょう。

　色々と気をつけるべきことは多いものの、副業禁止の会社だからといって完全に副業ができないとは限りません。もう会社にしがみ付いても安泰という時代ではないのだから、柔軟に副業を検討するのも良いと思います（ただし、あくまで自己責任でお願いします）。

90 副業があるからこそ、本業が輝きを取り戻す

　副業の話をすると、**「本業を疎かにするな」「本業で手を抜いて副業をしているヤツはダメだ」**など、否定的な意見も聞こえてきます。仕事に全力を尽くして会社に貢献することをヨシとする考え方の人たちからすると、こういう認識が多数派なのでしょう。

　しかし、こういった価値観は、やはり時代遅れだと言わざるを得ません。会社に貢献していればいずれ報われる、定年退職まで安泰、という幸せな時代は終わったのです。会社を信じて人生を預けても大丈夫だった時代は、もう二度と戻っては来ません。

　会社の将来を信用できないのだから、自分個人の力で稼げるようになるしかありません。転職も、副業も、そのための現実的な手段です。

❗ 副業が、本業のプラスになることも

　また、副業を経験することが、会社員としての本業に対してマイナスにしか働かないのかというと、必ずしもそうだとも言い切れません。

　すでに述べた通り、**本業が上手くいっていないから副業に走るのではなく、本業が十分に上手くいっていて精神的・時間的な余裕があるからこそ、「副業をやってみようかな」と前向きに考える人が多い**です。それでは働きが足りない、会社への貢献が足りないという話であれば、会社から具体的に追加業務の指示を出すべきであり、副業を批判したところであまり意味はありません。

　終業後の夜の時間や、週末の休日に何をするかは、基本的に本人の自由なはずです。

前述の株式会社パーソル総合研究所の2021年の調査では、**副業経験者全体の３割〜４割が、「副業をしたことによって、本業にプラスになるような変化があった」**と回答しています。

　具体的には、「本業に役立つスキル・知識が身についた」「問題に対して、創造的な解決方法を思いつくようになった」などスキル習得に関するメリットや、「視野が拡大した」「新しいことを取り入れることに抵抗がなくなった」などの精神面のポジティブな変化です。副業を経験するからこそ、本業を見る目も変わりますし、副業で得た知見を本業で間接的に活かすことができるケースもあるでしょう。

　もちろん、私のように、副業が成功したことをきっかけに独立して会社を去っていく人もいるでしょうが、**それは「会社に残りたい」というインセンティブを私に対して提供し続けられなかった会社側の問題**なので、本質的には副業のせいだとは言えません。

　実際、私は副業で稼げるようになった後も、しばらくは前の会社で本業のマーケティングの仕事を続けていました。自ら社内公募に手を挙げて新設されたばかりの組織に移ったりして、本業でもモチベーション高く働いていました。どうしても結果を出したくて、連日深夜残業している時期もあったくらいです。

　副業に精を出すことは、必ずしも、本業の仕事で手を抜くことを意味しません。

　転職や副業という「キャリアを見直す手段」「自分のキャリアを外から客観的に見る手段」があるからこそ、本業の仕事もまた輝きを取り戻すのだと、私は思います。

91 普通の会社員という キャリアは、もうオワコン

　ここまで述べてきた通りですが、もはや、**普通の会社員として真面目に仕事をしているだけでは、到底努力が報われることはありません。ただの「真面目に働く会社員」はオワコンなのです**。非常に悲しい話ですが、それが現実です。

　中途採用の活性化、中途採用比率の上昇と共に、新卒入社の社員がいくら勤続年数だけ重ねても、なかなか社内で報われなくなる時代に突入しています。

❶ 給料が増えても、手取りは増えない

　2023年2月の財務省の発表によれば、**国民負担率（租税負担率と社会保障負担率の合計）が2023年度に46.8％に上るとの見通し**になりました。頑張って昇進や昇給を重ねて収入を増やしたところで、結局、半分近くは税金として持っていかれてしまいます。

　会社員としての純粋な「給与所得」のみで稼いでいこうとすると、税金が重くのしかかるのです。

　例えば、年収800万円の人の手取りは約600万円弱ですが、この手取り金額を1,200万円にしようと思うと、額面2,000万円は稼がないといけません。つまり、手取りを2倍にするためには、額面年収を2.5倍くらいまで上げないといけないのです。そのくらい、給与額面が増えてもほとんど手取りは増えないということです。

また、有名な話ですが、経済産業省が2022年5月に発表した「未来人材ビジョン」では、**日本の大企業の部長クラスの年収は、シンガポールやタイよりもはるかに低い**ことが示されています。日本人の給与は、とにかく安いのです。

　長い不況により、日本企業が儲からなくなっていくにつれ、管理職への昇進ハードルは上がり、管理職になっても以前ほど給料は増えないという理不尽な状況になっています。これは、マネージャークラスだけの話ではなく、エグゼクティブレベル（執行役員クラス）であっても同様の傾向が見て取れます。

　近年では、「執行役員」という役職を増やし、「取締役」「執行役」の数を絞る企業が増えました。私が以前働いていた複数の会社でも、このような動きが同時期にありました。

　「執行役員」というと何だか偉そうな響きですが、実は、「役員」という名前がついているのに、会社法上の役員の定義には含まれません。つまり、役員報酬をもらっていないのです。

　扱いとしては、「事業部長」「本部長」など、会社が独自に決めている肩書の一つに過ぎません。その証拠に、会社ウェブサイトの「企業概要」などには役員として名を連ねているのに、IR情報などを見ると「役員一覧」に名前がない人たちがいます。もはや、「執行役員」まで上り詰めても、実態はサラリーマンの一人に過ぎず、大きな報酬は得づらくなっているのです。

　会社員として普通に働くだけでは、もうキャリアの成功は手に入りません。
　将来的な転職・副業・独立などの選択肢を着々と考えておかないと、努力が報われることは決してないのです。

92 確定申告は、必ずしよう

　先ほどとは打って変わって、いたって普通の話になりますが、**確定申告**はきちんとした方が良いです（本当に普通の話ですみません。十分理解しているよ、という人は読み飛ばしていただいて結構です）。

　当然、理解している人は良いのですが、世の中には、「よくわからないから調べていない」「確定申告って何のこと？」という人も、意外なほど多くいます。

　確定申告は法律上の義務なので、**知らず知らずのうちに違法な脱税行為をしてしまっている人**もいますし、**確定申告をしていないためにお金をムダにしている人**も相当数います。

　例えば、**会社を辞めて転職した際、退職時期や再就職時期、手続きのタイミングなどによっては、確定申告が必要になることがあります。**前職の会社での年末調整が完了していない場合、自分で確定申告をしないと税金を取られすぎたまま、何万円も損をしているケースが実際にあります。

　こういう話って誰も教えてくれませんし、自宅に通知が届くわけでもありません。自分で調べないのが悪いという扱いになってしまいます。必要な情報は自分で調べましょう。

　同様に、会社員であっても、**副業など「雑所得」が年間20万円を超えている人や、2か所以上から給与をもらっている人は確定申告が必要**です。
　ここで言う「所得」とは、売上総額ではなく、売上から必要経費を引いた分なので、例えば、副業の年間売上が30万円だったとしても、副業専

用に購入した PC が 15 万円した場合、売上 30 万円 － 必要経費 15 万円 ＝ 副業所得 15 万円という計算になり、確定申告の対象外になります。もちろん、実際にはこんな単純な計算ではなく、様々な経費計上があると思うので、自分の状況に応じて細かく計算をして対応してください。

❶ 確定申告は、それほど難しくない

　確定申告には苦手意識のある人も多いと思いますが、やってみると、それほど難しいことではありません。

　特に、会社員の副業でビジネス規模が小さい場合、それほど経費の計算などが膨大にあるわけではないので、ただ単に、申告用紙の必要項目を一つ一つ埋めていくだけです。

　ふるさと納税でも、納税先の自治体などが 5 団体を超える場合は確定申告が必須になるので、ふるさと納税をしたのをきっかけに初めて確定申告を経験したという人もいるでしょう。

　故意ではなかったとしても、申告漏れにより脱税の疑いをかけられ、ほんの些細な勘違いや手続きのミスで、その後のビジネスをまともに継続できなくなってしまう人もいます。

　せっかく副業を始めて、苦労して稼げるようになったというのに、こういった本来の仕事の内容以外のところで損をしてしまうのは、非常にもったいないです。
　しっかりと納税の義務を果たし、来年も再来年も稼げるように基盤を固めましょう。

93 個人事業主として 「開業届」を出すメリット

　会社員が副業として安定して稼げるようになってくると、ただ**「確定申告」で納税をしているだけだと、色々ともったいないよね**、という話も出てきます。

　「開業届」と共に、「所得税の青色申告承認申請書」を納税している地域の税務署へ提出すると、晴れて**個人事業主として、青色申告の様々な恩恵を受けられる**ようになります。これは、会社員にはない大きなメリットです。

❶ 青色申告の主なメリット

　具体的には、主に下記のような内容です。

青色申告特別控除（最高65万円）

▶ 適切に申告をすれば、大幅に手取り金額が増えます。例えば、特別控除を適用しない白色申告の場合、所得400万円に対する所得税（復興特別所得税を除く）は、37万2,500円となります。一方、青色申告の特別控除を適用できた場合は、課税所得400万円から最高65万円控除後の335万円が所得税課税の対象となり、税金は24万2,500円となります。適用の有無で、支払う税金の差額が13万円も出るのです。同様に、住民税などの負担額も低くなります。

青色事業専従者給与

▶ 15歳以上の家族に給与を支払って、必要経費として算入することができます。例えば、兄弟やパートナーに仕事を一部手伝ってもらう代わりに月8万円を給与として支払うと、年間96万円も経費計上が可能で、その分だけ、収入から引かれる所得税・住民税などが減って手取りが増えます。

▶ 事業によって赤字が出た場合、その赤字額を翌年以降の3年間にわたって繰り越せます。逆に、前年度の所得金額から今年度の赤字分を差し引いて、すでに支払った税金から遡及的に還付を受けることもできます。売上増減が激しい場合などに、各年の税金負担を調整できるということです。

青色申告はあくまで「事業所得」に対して適用される制度のため、会社員の副業の場合、その所得が「雑所得」ではなく「事業所得」であると説明できないといけません。

ただ、この「雑所得」か「事業所得」かの定義は結構あいまいです。副業で得た所得が法律上の「事業所得」に該当するかどうかは、事業の独立性、継続性、反復性、営利性、有償性などから総合的に判断すると言われていますが、事業規模などに明確な基準はありません。

少なくとも、会社員の本業の片手間程度に適当に副業をしているのではなく、きちんと「仕事」として継続的に取り組んでいるという説明は必要でしょう。

青色申告は、確定申告時に貸借対照表と損益計算書を追加で作成する必要があるなど、多少の手間はかかりますが、節税上のメリットは非常に大きいです。

言ってしまえば、サラリーマンは毎月の給与明細からただ自動的に天引きされているだけで「ノーガード」の状態ですが、個人事業主には、手取りを極力増やすための「カウンター防御策」がいくつもあり、同じ収入額でも、最終的な手取りに差が出てくるということです。

94 法人化を検討するタイミングはいつ？

　法人化のタイミングは、税理士によって意見がちがったりして、判断に迷うところです。基本的には、**副業の年間収益が700万円を超える場合は法人化した方がメリットが大きい**と考えてください。それ以下であれば、検討の余地はあります。

　個人事業主の場合、副業の収益には「所得税」がかかります。**本業＋副業の年収が900万円を超えた時点で税率33％まで上がってしまいます。合計1,800万円を超えた分に対しては、税率は40％です。**

✅ 所得税率

課税される所得金額	税 率	控除額
1,000円から1,949,000円まで	5%	0円
1,950,000円から3,299,000円まで	10%	97,500円
3,300,000円から6,949,000円まで	20%	427,500円
6,950,000円から8,999,000円まで	23%	636,000円
9,000,000円から17,999,000円まで	33%	1,536,000円
18,000,000円から39,999,000円まで	40%	2,796,000円
40,000,000円以上	45%	4,796,000円

※出典：国税庁「所得税の税率　平成27年度以降」

例　会社員の給与1,200万円／副業収入750万円の場合、合計所得が1,800万円を超えるため、超過分には所得税40％が適用される。

　一方、法人化した場合の「法人税」は、**年間収益800万円までは15％、800万円以上でも23％**と、税率がかなり低く設定されています。個人の収入として本業＋副業の全額を受け取るよりも、会社を作って副業収入をそこに入れた方が、残る金額は大幅に増えます。

✓ 法人税率

区　分			適用関係（開始事業年度）			
			平28.4.1 以降	平30.4.1 以降	平31.4.1 以降	平4.4.1 以降
普通法人	資本金1億円以下の法人など（注1）	年800万円以下の部分	下記以外の法人	15%	15%	15%	15%
			適用除外事業者（注2）			19%（注3）	19%（注3）
		年800万円超の部分		23.40%	23.20%	23.20%	23.20%
	上記以外の普通法人			23.40%	23.20%	23.20%	23.20%

出典：国税庁「法人税の税率 普通法人」

例 **会社員の給与 1,200 万円／副業収入 750 万円**
＝法人利益とした場合、所得税の税率は 33% まで、
副業収入には 15% しか税金がかからない。
※資本金 1 億円以下の普通法人の場合、諸条件あり

　所得 700 万円を超える場合は法人化した方がメリットがあるのは、法人税の税率が上がる閾値が 800 万円なので、そこに近づくと最低税率が適用される金額も大きくなり、諸経費を払ってでも対策をしておく価値があるということです。

　会社員＋個人事業主として個人で働く場合、稼げば稼ぐほど所得税・住民税の負担が増えていきます。本当に、年収 1,200 万円を超えたあたりからは、色々な国の手当も所得制限でほとんどもらえなくなり、税金が増えるばかりでまったく手取りが増えず、懸命に働くのがバカらしくなります。

　一方、法人を作った場合は、**稼いだ総額のうち、今年自分で使いたい分のお金を「役員報酬」として自分に支払い、余ったお金をそのまま会社に残して「法人利益」とする**ことで、トータルでの税金の負担額が大きく変わります。これは、サラリーマンや個人事業主には不可能な、大きなメリットです。

　法人設立に伴うコストや、税理士に支払う費用などを加味すると、副業収入が低いうちは無理に法人化を考える必要はないですが、売上からコストを引いた年間収益が徐々に増えてきたら、メリット・デメリット含めて真剣に考えるべきだと思います。

第5章

95 起業の目的は「社会を変えたい」や「事業拡大」だとは限らない

個人的に、会社設立を経験して思ったのは、**「起業って、こんなに簡単なんだな…」**ということです。

一般的に、起業や独立というと、なんだか大それたイメージがあります。

- ▶ 自分のビジネスで、社会を変えていきたい！
- ▶ どうしても実現したい事業がある！
- ▶ 上場を目指して会社を大きくしたい！

このような印象です。しかし、実際にやっていることの中身と言えば、**ただ税務署に紙を出して、数万円を支払うだけです。**あっという間に「会社」が誕生し、「社長」に就任することができます。

私自身は、正直言って、起業・独立に対して、何のパッションもモチベーションも持っていません。

- ▶ 社会を変えようなんてまったく思わない。そう簡単に変わるわけがないから。
- ▶ 今後取り組みたい課題とか、やりたい事業とか、別に何もない。
- ▶ 上場なんてしなくていい。そんなにお金は要らないし、面倒くさいだけ。

もともと、こういう怠惰な発想の人間なので、まさか自分が「起業」を経験するとは思っていませんでした。

❗ 起業って、そんなに大したことではない

実際には、起業や独立に、毎回ドラマがあるわけではありません。

ただ単に、法人化した方が税金などのメリットが大きいので法人化しただけの話です。

ドラマチックな起業家物語が世間でやたらともてはやされる傾向があるというだけで、世の中のほとんどの起業・独立はこんなものに過ぎないと思います。

ちなみに、法人化の際には、**株式会社**と**合同会社**という2つの選択肢があります。

細かい話は省きますが、基本的には、ざっくり下記のような認識で構わないと思います。

> ▶「株式会社」の方が世間的なイメージが良いので、会社名を色々なところに出して活動するのなら、こちらの方が良い

> ▶「合同会社」の方が、提出書類などが少なく、年間の固定費も安く済む（決算報告の有無などで毎年7万円以上の節約が可能）

独立や起業などというと、まるで一世一代の挑戦や、ハイリスク・ハイリターンの大勝負のようなイメージがありますが、実際には、ただの役所への届け出に過ぎません。

別に、会社を経営するようになっても人生は大して変わりませんし、これといってドラマチックな展開は何もありませんが、税金優遇などのメリットは非常に大きいです。現実的な選択肢として「自分の会社を作る」のは、結構オススメです。

96 法人設立によって、見えてくる世界

　会社を作ったことのメリットは、思った以上に大きかったです。

　例えば、名刺に「代表取締役」「CEO」などと書いてあるだけでも、周りの人たちの見る目は変わるものです。

　もちろん、その名刺に書いてある会社名は誰も知らない無名企業のものに過ぎませんが、世の中のほとんどの会社は、誰も知らない無名企業ですからね。なんとなく、「社長」というだけで「この人は経営者なんだ…」という目で見られます。実際には、ただ税務署に紙を出しただけなのに。

❗ 一流エリート会社員より、零細企業の社長の方が圧倒的に裕福な理由

　家族やパートナーなどに仕事をお願いして、給与を支払うことができるメリットも大きいです。

　私の会社では、経費精算や会社の決算資料作成、税理士さんとのやり取りなどは、ほぼすべて奥さんにお願いしています。彼女が、経理・総務スタッフというわけです。

　法人売上の中から、社長の私に支払う役員報酬と、従業員である奥さんに支払う給与が、私たち家族の収入源になります。このとき、私一人だけに大きな金額の報酬を出してしまうと、その分だけ個人の所得が増え、累進課税で税金負担が増えてしまいます。

　一方で、仕事の配分に応じて、私と奥さんのそれぞれに仕事内容に応じた報酬を出すことで、私一人の名義で全額稼ぐよりは「世帯所得」にした方が節税のメリットになります。

また、必要な生活費以上のお金は「会社の利益」として法人に残しておくことで、法人税適用のメリットもありますし、自分の所得金額を減らして所得税を減額することもできます。 仕事に使うパソコンやスマホ代金、取引先とのカフェ代・食事代などを経費計上できるのも、会社員にはない素晴らしいメリットです。

　場合によっては、賃貸で借りた不動産などを自宅兼オフィスとして、会社の経費で家賃を負担することも可能でしょう。

　奥さんに従業員としての仕事を依頼し、一定の給与を払っていると、一応「共働き」扱いになるので、子どもを保育園に入れやすくなったりもします。今まで所得制限に引っかかっていてもらえなかった色々な手当も、今年からは申請できるようになりました。

　最近では、海外在住の友人と一緒に仕事をするために海外出張に行って、飛行機代やホテル代を会社の経費として計上したり、自分に「出張手当」を出したりもしています。

　日本の労働者全体の９割は、会社員だと言われています。

　そのため、政府が作る様々な法律って、基本的に「対象は会社員であること」を前提として設計されています。必然的に、税収確保のために会社員は税制的に不利になりがちで、逆に、フリーランスや経営者は有利な行動を取りやすくなります。

　もちろん、脱税目的の違法行為・不正行為などはしてはいけませんし、あくまで、法律の範囲内での話です。

　大手有名企業のエリートサラリーマンよりも、誰も知らない無名中小企業の社長の方がはるかに金持ちである理由が、なんとなくわかった気がしました。

97 「二足の草鞋を履く」という生き方もある

　会社員が自分でビジネスを始めようと思ったときには、一念発起して脱サラ起業して、大きなチャレンジに出る必要は、必ずしもありません。

　とりあえず、会社員という身分をキープしつつ、会社から毎月安定した給料をもらって、同時進行で、副業で稼ぐ道を模索すればいいだけです。仮に失敗しても、会社員としての給与収入があるので痛くもかゆくもありません。もし上手いこと成功した場合は、「開業届」を出して個人事業主になったり、法人を設立して会社経営をしたりしながら、そのまま何事もなかったように普通に仕事を続ければいいです。

❶ 本業と副業は、現実的に両立できる

　繰り返しになりますが、これは別に会社に対する裏切り行為でも何でもありません。あからさまに仕事をサボっているわけではないですし、会社の利益や評判に対して何か損失を与えているわけでもありません。普通に仕事をして、会社員として与えられた業務内容をきっちりやり切ったうえで、その他の空いた時間で個人のビジネスをすることの、一体何が悪いのかわかりません。

　そもそも、仕事には終わりはないので、会社員の仕事を全力で頑張ろうと思えば、無限にできてしまいます。毎日残業をしようと思えばいくらでもできますし、別に明日でもいい仕事を今日中にやってしまおうと無理をすれば、際限なく仕事量は増えていきます。キリがありません。

会社の中で評価されること、上司から褒められることが自分の最終目的なのであれば、それで構いません。しかし、成功したキャリアを作りたいと本気で思うなら、必要以上に社畜のように働いて疲弊するより、その時間と労力を自分の個人ビジネスに向けた方が、明らかに有益です。

❶ 会社員という身分を守るメリット

会社員でないと、現実的に不可能なこともあります。

- ▶ 会社の信用力を活用してクレジットカードを作る
- ▶ 会社名や勤続年数などの信用を使って住宅ローンを組む
- ▶ 広くて開放的なオフィスなど、整備が行き届いた環境で働く
- ▶ 万が一の病気やケガなどで働けなくなったとき、休職しつつ収入の何割かを維持する

これらの恩恵に預かりながら、「二足の草鞋」を履いて個人ビジネスを始めて、成功するまで何度でも挑戦を続けられるというのは、まさに会社員の特権だと思います。

逆に言うと、実は、会社員ではなくなることによって具体的に困るのって、上記に挙げたいくつかの項目くらいです。実は、言うほど困りません。

もちろん、会社員だからこそ、長い歴史のあるブランドを背負って、自分一人では決して達成できない大規模なプロジェクトに携われる、などの喜びもあるとは思います。その辺りは、人それぞれの仕事の好みと考え方次第です。

副業で個人ビジネスをやりながら、会社員の仕事をそのままずっと続けるのも良いでしょう。

98 スモールビジネスの楽しさは、会社員の比ではない

過去のキャリアの中で、私は、それほど辛い思いも、ひどい経験もしてきてはいない気がします。過去に所属した企業も、比較的良い会社が多かったと思います。

新卒で入った大企業では、若いうちからかなり自由に働かせてもらいましたし、20代で海外駐在という貴重な機会も得ることができました。

二社目の会社は、昭和気質のハラスメントが横行してはいたものの、仕事の内容はエクセルの単純作業に過ぎず、残業も少なく、休みもかなり多かったです。もらっていた給与の額に対して業務内容は非常に簡単なものだったので、悪い会社だったとも言い切れません。

その後に所属してきた会社も、上司が完全放任主義で何でも自由にやらせてくれる環境だったり、フルリモートで毎日のんびり仕事ができたりと、本当に環境には恵まれてきました。執筆業という副業ができたのも、会社がホワイトすぎて十分な時間があったおかげですし、退職後にマーケティングの会社を立ち上げることができたのも、過去の会社員経験があってのものです。すべて、会社のおかげです。

これらの素晴らしい会社員経験を踏まえても、個人で取り組むスモールビジネスの楽しさは、会社員時代の比ではないと本気で思います。会社員のメリットは大きいですが、個人ビジネスのメリットはその何百倍もあります。

❶ 副業・起業による個人ビジネスは、すべてが自分の自由

　例えば、出席したくない会議は自分の一存でキャンセルできますし、取引先も自分で選ぶことができます。嫌な人、相性の良くない人とは付き合わなくていいですし、上司から指示を受けることもありません。

　会社員時代なら、「こんな仕事をやっても意味がない」と思いながら仕方なくやっていたものを、今ならバッサリ切り捨てることができます。

　もちろん、「成果はあまり出ないかもしれないけど、個人的にやりたいからやる」という仕事もあります。

　やるべきこと・やらなくていいことを自分で自由に決められるのです。こんなに楽なことはありません。

　もちろん、毎月きちんと売上を上げなければ、ダイレクトに収入が減ってしまうので、ある程度のプレッシャーはあります。しかし、裏を返せば、自分が頑張れば頑張るほど、収入が青天井に増え続けます。

　モチベーションも爆上がりです。会社員は、仕事で3倍の成果を出しても給料は3倍にはなりません。個人ビジネスなら、売上・利益が3倍になれば自分の給料も3倍に増えるので「報われた」感じがします。

　「今月は子どもが夏休みだから週休4日制にしよう」「この仕事、面倒だから断ろう。もうやらなくていいや」といった話も、すべて自分一人で考えて決めることができます。今まで十数年間働いてきて、こんなに楽でストレスがないと思ったことはありません。

　個人で「お金を稼ぐ力」がある人は、そのまま会社員でいるのは少しもったいないので、副業や起業という選択肢も、今後の可能性として頭に入れておくと良いと思います。

99 一番大事なのは「選択肢」の有無

　この章では、散々「法人を作るとこんな良いことがある」「個人ビジネスって素晴らしい」という話をしてきました。しかし、当然ながら、会社員全員が副業をして法人を作るべきだとまでは、私は考えていません。

　起業にはある程度、向き・不向きがありますし、転職などよりもリスクが高いのは確かです。副業で月10万円稼げれば十分だよ、という立場の人も多いでしょう。副業という仕事の仕方が合いそうな人は一度試しにやってみると良いのではないかと思いますが、会社員として社内昇進を目指したい人はそこに全力を注げばいいですし、今は副業よりも転職を考えたいという人は、それが最適解かもしれません。どんな道を選ぶかは人それぞれです。

　重要なのは、「選択肢」の有無だと思います。
　人生において、お金よりも、時間よりも、もっと大事なものがあるとすれば、それは「選択肢」の有無です。

　「いいや、愛だ！」「友情だ！」という反論はやめてください。そういうベクトルの話はしていません。

　自分の人生を自分で選ぶことができるか？
　キャリアを自分の意思でコントロールできているか？
　今の会社で働き続ける以外に、他の「選択肢」を持っているか？
　将来、もし会社をクビになったら、生きていく術は他にあるのか？

この問いに答えるための手段が、「異動」であり、「昇進」であり、「転職」であり、「副業」であり、「起業・独立」です。

　人によっては「実家が金持ち」かもしれませんし、「旦那の玉の輿」かもしれません。

別に何でもいいのです。「選択肢」さえ、現実的にあれば。
カッコ悪くてもいいのです。「選択肢」さえ、現実的にあれば。

　私の場合、自分で会社を経営しているので、赤字を抱えるリスクはゼロではありません。ただ、最悪、事業がすべて失敗しても当面暮らしていける程度の資産はあるので、突然すべてを失って破産ということにはなりません。つまり、どんなに失敗しても、短期的には、**貯金で食いつなぐという「選択肢」**があります。

　一度は会社員を辞めましたが、**会社員に戻るという「選択肢」**もまだ残されています。大変有難いことに、以前いた会社の元同僚などから「ウチで働かないか」とリファラル採用の話があったりもしますし、いざとなったら、転職活動をして仕事を見つけることは十分に可能でしょう。

　もちろん、本業のマーケティングの仕事と、副業の作家業が同時にダメになって収入がゼロになる可能性は、現実的にほとんどないと思っています。私は、転職やら起業やらリスクを取っているように見えるかもしれませんが、実は「石橋を叩いて叩いて叩きまくる」タイプなので、セーフティネットが幾重にも張り巡らされているのです。

何よりも重要なのは、いざというときの「選択肢」の有無です。

100 これからの時代の本当の「安定」とは

ここまで述べてきたことが、**今の時代に最も相応しいキャリアの選び方**ではないかと思います。

この本に書いた考え方で、実際に私は、過去の社内異動、昇進、転職、副業、独立などを実現してきました。

その過程では、望まない人事異動に振り回されて毎日落ち込んでいた時期や、転職に派手に失敗してメンタルを病みそうになり早期離職をした経験もありました。家族に心配をかけたこともありました。

常にすべてが順調というわけでは決してなかったですが、曲がりなりにも、自分の意思で進むべき道を選び、会社に依存しない強いキャリアを作り上げることができたと考えています。

今の時代、会社は将来を保証してくれません。リストラされたら終わりです。

今日時点で上司に気に入られていても、どうなるかはわかりません。コネだけでは勝ち残れません。

資格やスキルがあっても、10年後にはAIによって陳腐化しているかもしれません。

そのときに…

- ▶ いや、自分にはまだ選択肢がある
- ▶ 今の仕事がダメになっても、転職すればまったく問題ない
- ▶ 本業と副業の２つの収入源があるから、余裕で生き残れる

などと、自信を持って生きていける人は、強いです。

逆に、

- ▶ もし万が一、会社をクビになったら一巻の終わりだ
- ▶ 毎日仕事が嫌だけど、転職も独立もきっと無理だろうなぁ
- ▶ 出世コースに乗れなかった自分は、社畜として生きるしかない

と、個人の「生き残る力」に自信がない人は、弱いです。

　これからの時代の本当の「安定」とは、過去に歩んできた道を肯定し、将来への不安を消し去り、「何があっても大丈夫だ」と、自分自身の「生き残る力」に絶対的な自信を持てる状態になることです。
　将来何も怖くないと言い切れるだけの、強いキャリアを作ることができるかどうかです。

　会社に依存し、会社に縛られている人には、今後、「自由」も「選択肢」もありません。当然、「安定」を手に入れることもできません。

　思考停止で「ただの会社員」のままでいるのは、もう、やめませんか？

❶ エリートサラリーマンになれなかった、
すべての人たちへ

本書を最後まで読んでいただき、ありがとうございます。

「転職」以外のテーマで本を書くのは、これが初めてです。

過去2年以上、noteという媒体で転職活動対策の連載記事を書いているのですが、たまに不定期で公開する、会社員の働き方に関する記事や、副業、自己実現などに関する記事に対する読者の皆様の反響が予想以上に大きく、「転職」だけに留まらず、「昇進」「副業」「独立」といった広範囲な内容で次の本を作ってみても面白いのではないか、と思ったのが、本書執筆のきっかけです。

なんだか、やたらと偉そうなことを書いてきた気もしますが、私自身は、見方によっては**「日系大手メーカーの海外営業部、海外駐在員を経て、外資系大手企業の企画部長、その後、会社を設立して社長になった30代起業家」**という経歴……

また別の見方によっては、**「ショボい地方の大学から何とか大手メーカーにギリギリ滑り込んだものの、入社後すぐに地方に飛ばされ、タンバリンを叩いて踊って役員に媚を売った末に希望してもいない上海にブッ飛ばされ、その後ジョブホッパーになって転職を繰り返して迷走し、会社員に向いていないので仕方なく独立したヤバい奴」**とも言えます。

おそらく、後者の方が正しいです。

要するに、自分のキャリアをどう定義するかって、ほぼ自分次第ですし、「良いキャリア」や「正しいキャリア」なんてこの世界には存在しないので、最後まで生き残ることさえできれば、その過程は結構どうでもいいということです。

　個人のキャリアに、「正しい」も「間違っている」もありません。人それぞれ、自由です。

　ただし、「正しい選び方」「間違った選び方」はきっと存在します。

　思考停止で何となく流されて職歴を積んでしまったり、他人の意見や周りの雰囲気に合わせてモヤモヤしながら生きたり、本当はやりたいことがあるのに我慢して毎日働いたり、という不幸なキャリアを防ぐために、この本が少しでも、「正しい選び方」のヒントになれば幸いです。

　誰もが賞賛するキラキラキャリアのエリートサラリーマンになる必要はありません。
　社内政治を勝ち抜いて、出世コースを登り詰めて代表取締役社長に就任する必要もありません。

　ただ、**最後の最後まで、自分が生き残るための「選択肢」を持っていればいいだけ**です。

　道はあります。あとは、選ぶだけです。

❗読者の皆さまへ

本書の制作にあたり、たくさんの方のご協力を賜りました。

ソーテック社の柳澤さん、大前さんには、今回も大変お世話になりました。過去作よりも長期間の執筆作業となりましたし、構成も途中で二転三転して、完成まで色々と苦労をしましたが、辛抱強くお付き合いいただき、ありがとうございました。

デザイン、イラスト、装丁、編集、推敲、校閲、印刷、販促、広報、物流、営業活動などなど、本書の完成・流通のためにご尽力いただいた多くのスタッフの皆様にも、心より、御礼申し上げます。

私のすべての本の一人目の読者であり、設立した会社のビジネスパートナーでもある妻と、まだ幼い二人の子どもにも、いつも感謝しています。私が日々頑張れるのは、家族のおかげです。

そして、私の著書やブログ、note連載、X（旧Twitter）などを日々見てくれている読者の皆様に、一番の感謝を伝えたいです。私に、「作家」という一つのキャリアの「選択肢」を与えてくれているのは、あなたです。

私が文章を書けるのは、あなたのおかげです。

本当にありがとうございます。

これからも、私は、転職とキャリア、働き方などについての発信を続けていきます。

皆様一人一人の、幸せなキャリアを応援しています。

では、また、どこかでお会いしましょう。

お相手は、安斎響市でした。

2023年10月

関連リンク

note
https://note.com/kyo_anzai/

X（旧Twitter）
http://twitter.com/AnzaiKyo1

ブログ
https://tenshoku-devil.com/

筆者が教える、「勝てる転職」の必読書!

こんな疑問に答えます。

- 転職活動って、何から始めたらいいの?
- 転職エージェントとの「賢い付き合い方」は?
- 職務経歴書は、どうやって書けばいい?
- 特にこれといって「市場価値」がない人にも、転職は可能ですか?

安斎 響市 著
定価:1,628円(本体価格1,480+税10%)

転職面接の攻略法がこの1冊でわかる!

面接でよく聞かれる「定番質問」「難関質問」など徹底解説!

- あなたの強みは何ですか?
- 退職に至った理由は?
- 転職回数が多いのはなぜ?
- 職歴にブランクがありますが?
- なぜ異業界への転職を?

安斎 響市 著
定価:1,485円(本体価格1,350+税10%)

正しいキャリアの選び方
会社に縛られず「生き残る人材」になる100のルール

製本版（紙の書籍）限定 2つの購入特典

特典❶

本編未収録 シークレット エピソード「101個目のルール： キャリア成功のために、才能は必要か？」

- 本編では明かされなかった、キャリアの選び方・方針決定以前の「個人的な能力・スキル・才能の問題」をどう考えるべきか？というエピソードを収録しています。
- QRコードにアクセス後、**パスワード「YourCareer2024」**を入力すると、読めるようになります。

 https://tenshoku-devil.com/rightchoiceofyourcareer/

パスワード **YourCareer2024**

特典❷

期間限定 この書籍の企画原案：note「社畜になれない君へ。」2ヶ月無料クーポン進呈

- QRコードからnoteマガジンを開き、購読の際に**「クーポンを使用する」**を選んで、**クーポンコード「9aZ1ez3Jfmlv」**を入力してください。
- 期限内に購読手続きを完了された方のみ、無料購読適用の対象となります。

 https://note.com/kyo_anzai/m/me578dca3e4f0

クーポンコード **9aZ1ez3Jfmlv**

※もともとの登録初月無料に加えて、さらに＋1ヶ月分の購読料300円がこのクーポンで無料となります（合計で2ヶ月無料）。3ヶ月目の月初1日に購読料が発生しますが、それ以前に解約手続きをした場合、請求は発生しません。
※クーポン対象者は「初回購読者」のみのため、すでに登録済みの方、過去に購読していた方はご利用いただけません。noteアプリからの申込は非対応です。ブラウザから購読手続きをしてください。
※使用期限：2024年1月31日まで

正しいキャリアの選び方
会社に縛られず「生き残る人材」になる100のルール

2023年10月31日　初版　第1刷発行

著　　　者	安斎響市
装　　　丁	金井久幸［TwoThree］
発　行　人	柳澤淳一
編　集　人	久保田賢二
発　行　所	株式会社ソーテック社
	〒102-0072　東京都千代田区飯田橋4-9-5　スギタビル4F
	電話（販売部）03-3262-5320　FAX 03-3262-5326
印　刷　所	図書印刷株式会社